力
十文化

法律人必需面對的專業領域

圖解 數位證據

《第二版》

資訊時代的法庭攻防

本書諮詢補充資料區 http://blog.chinalaw.org

錢世傑 法學博士

冷門書籍的市場

自從第一版上市之後，首先要感謝板橋地檢署朱帥俊主任檢察官的大力支持，讓這本書還有機會在許多專業人士的眼中呈現。畢竟這是一本相當冷門的書籍，再加上本書撰寫方向只以法律人為主，市場一直維持平淡的反應，在筆者準備改版之際，已經快兩年了，第一版銷售完畢的目標才勉強完成。

但是，筆者在寫書之前，就已經抱定著沒賠錢就偷笑的誓死決心，也感謝出版社的鼎力相助，對於銷售量不好的本書，依舊維持著支持出版的態度，也感謝許多相關業界的朋友願意以各種形式提供協助，不過為了維持本書的中立性，目前這本書的出版並未從第三人處獲得任何贊助。

經驗法則的微調

唯一讓筆者欣慰的是，在於出了這本書之後，演講機會不斷，過去筆者演講的主題大多是資訊安全或一般法律的議題，偶爾還會講到兩性法律，但這兩年下來，隨著個人資料保護法正式施行，進而使電腦鑑識的議題竄起，也使得筆者有機會到許多政府機關講授數位證據採證的議題，也讓這個議題能夠更加地深植於各個需要的領域。

過去演講的對象除了檢察官、檢察事務官或律師，最讓筆者感到振奮的演講機會，是前往司法院面對第一線審判的法官，這個階段是一個很重要的改變。因為過去司法審判的三角關係中，就剩下法官一直難以踏入這一塊數位證據的領域，也讓許多判決內容頗感「遺憾」。

舉個例子好了，防毒軟體具有高達98%的惡意程式阻隔率，你的經驗法則該如何看待這個數據呢？

　　是該指稱有安裝防毒軟體的電腦內，有木馬程式的可能性微乎極微，還是說2%的無法阻隔率是目前造成極高比例電腦中毒之原因。某法官的經驗法則是前者，但是筆者的經驗法則卻是後者。如果被告辯稱「木馬抗辯」，則因為對於電腦病毒不同的見解，某些法官可能會不採該辯解，某些則會採。所以，本書是希望以個人著墨多年的經驗，協助相關法律人「微調」不適宜的經驗法則，讓判決的推論過程可以更趨於正確。

持續蒐集近期年度的資料

　　第一版主要蒐集的範圍到民國97年度，第二版則補充從98年度迄今，並且針對各個數位證據的觀念由淺入深地介紹，也對於法院判決的內容做出更多的評論。希望這一本冷門的書，可以提供實務界朋友更深入也更正確的思考，在審判過程中也能輔佐做出正確的判斷。

錢世傑

民國103年5月20日

不得不面對的專業領域

數位證據，是一種進入門檻較高的學科，對於法律人而言，更是令人頭皮發麻的領域。一般而言，台灣法學教育對於資訊科學之培養較為欠缺，也因此訴訟過程中，數位證據之攻防品質，總是跌破專家的眼鏡，甚至於犯罪集團利用法律人對於數位領域知識之不足，誤導執法者而逃避法律的制裁。然而，數位證據已經成為各種民、刑事案件的必要證據，瞭解數位證據，窺視其堂奧，進而作為辯論攻防的依據，將成為法庭決勝負的重要關鍵。身為法律人的你，不可不知。

實務經驗的背景

筆者任職於調查局，從事電腦犯罪防制工作，研究領域以電腦鑑識、數位證據為主，中原大學財經法律研究所之論文，為網路通訊監察議題，台北大學資訊管理研究所之論文，以數位採證之標準作業程序為核心；中正大學博士研究，數位證據之相關法制問題也是研究主軸。

本書特色

作者致力於出版工作近十年，已經出版過十餘本的法律、資訊書籍，善於將困難的專業知識，轉化成易懂易學的書籍，讓讀者輕鬆上手。

文字：一般法律書籍以文字為主，本書第一版有75,000字，其中蒐集約50餘個相關的實務案例，讓讀者藉由本書，不必再辛苦地搜尋判決，即可快速地找到需要的實務見解。另外，還參酌過去的實務見解，編寫7個重要的模擬法庭對談，讓讀者能預先瞭解法庭中可能遇到的攻防狀況。

圖像：本文約有100餘個圖解、流程圖以及表格，藉由圖像式的介紹，讓法律人能更快地進入數位證據的世界。

　　總之，這是一本由淺入深，從各個面向，尤其是實務的角度，探討數位證據的好書。讓法學領域的專家，一樣能輕鬆地接觸數位證據這個世界，成為一位真正兼具法律與資訊跨領域專家，也是法庭攻防必備之手冊。

預設讀者群

　　本書是專門針對法律人所設計的書籍，尤其是律師、司法官、檢察官等實務工作者，更是必備的基本參考書籍。此外，現行法律教育大多停留在傳統的法學知識，對於跨領域知識的結合較為匱乏，本書結合法律、資訊兩大領域，是所有法律人深入瞭解民、刑事訴訟法、資訊法之重要補充教材。

Contents

筆記

第一篇

[總 論]

1.

數位證據

● 認識數位證據

一、數位證據的定義

　　數位證據，digital evidence，指訴訟程序中，用以認定事實之數位資料。只要是以電子、磁性、光學或其他相類似之方式所存在之電子資訊皆屬之，包括電腦稽核紀錄檔（log files）、電腦程式等。如巴紐弊案、七億洗錢案等（如第5頁），都涉及數位證據。

二、數位證據 & 電磁紀錄

　　另外，有一個常見的名詞，即「電磁紀錄」。針對電磁紀錄之定義，我國刑法有規定如下：

> ＊＊＊《刑法第10條第6項》＊＊＊
> 　　稱電磁紀錄者，謂以電子、磁性、光學或其他相類之方式所製成，而供電腦處理之紀錄。

　　本條規定主要是刑法分則中偽造有價證券、偽造文書、妨害秘密及妨害電腦使用等罪有涉及電磁紀錄之規定，故抽離於總則中為一致性之定義規範，屬於實體法中有關構成要件之定義。（相關之規範如右頁所示）

刑法 第201-1條	意圖供行使之用，而偽造、變造信用卡、金融卡、儲值卡或其他相類作為簽帳、提款、轉帳或支付工具之電磁紀錄物者，處1年以上7年以下有期徒刑，得併科3萬元以下罰金。 行使前項偽造、變造之信用卡、金融卡、儲值卡或其他相類作為簽帳、提款、轉帳或支付工具之電磁紀錄物，或意圖供行使之用，而收受或交付於人者，處5年以下有期徒刑，得併科3萬元以下罰金。
刑法 第204條 第1項	意圖供偽造、變造有價證券、郵票、印花稅票、信用卡、金融卡、儲值卡或其他相類作為簽帳、提款、轉帳或支付工具之電磁紀錄物之用，而製造、交付或收受各項器械、原料、或電磁紀錄者，處2年以下有期徒刑，得併科5千元以下罰金。
刑法第205條	偽造、變造之有價證券、郵票、印花稅票、信用卡、金融卡、儲值卡或其他相類作為提款、簽帳、轉帳或支付工具之電磁紀錄物及前條之器械原料及電磁紀錄，不問屬於犯人與否，沒收之。
刑法 第220條 第2項	錄音、錄影或電磁紀錄，藉機器或電腦之處理所顯示之聲音、影像或符號，足以為表示其用意之證明者，亦同。
刑法 第315-1條	有下列行為之一者，處3年以下有期徒刑、拘役或3萬元以下罰金： 一.無故利用工具或設備窺視、竊聽他人非公開之活動、言論、談話或身體隱私部位者。 二.無故以錄音、照相、錄影或電磁紀錄竊錄他人非公開之活動、言論、談話或身體隱私部位者。
刑法第359條	無故取得、刪除或變更他人電腦或其相關設備之電磁紀錄，致生損害於公眾或他人者，處5年以下有期徒刑、拘役或科或併科20萬元以下罰金。

　　數位證據，是指訴訟程序中，可以做為認定事實、適用法律基礎的數位資料。電磁紀錄其範圍應較數位證據為狹隘，必須是「紀錄」，況且數位證據未必為有內容的「紀錄」，可能是無內容的「紀錄」或根本就不是紀錄的數位資料。

　　因此，在訴訟程序中，以一般常用的<u>數位證據</u>稱之較為合適。

＊筆記＊

【巴紐弊案】

外交部長黃志芳涉入巴紐弊案，檢調搜索黃志芳的家，並帶回相關電腦，電腦中的相關檔案，屬於數位證據。

【七億洗錢案】

陳水扁七億洗錢案（暨國務機要費案），檢調赴陳水扁辦公室進行搜索，帶回多部電腦，其中發現疑似上千筆可疑資金，這些顯示資金流向的相關檔案，即屬數位證據。

另外，據媒體報導，陳水扁在95年12月要求林德訓整理15項機密，並要陳鎮慧以電腦輸入；陳鎮慧另外還製作了一份原始報銷的流水帳，並放在隨身碟內，兩帳目並不一致，也都是屬於數位證據。

【林益世收賄案】

前行政院秘書長向地勇選礦公司負責人索賄8,300萬元，整個過程遭錄音，該錄音檔案亦屬數位證據之一種。

● 常見的數位證據

數位證據的種類非常多，目前較為常見的數位證據，可以概括分成下列四大項：

第①類 電子郵件
例如A以電子郵件恐嚇B，在A的電子郵件備份匣中，也確實發現曾經寄出該恐嚇信件。

第②類 文件檔案
如巴紐弊案，假設在前外交部長的電腦中，「我的文件」資料夾中，找到佣金名單的WORD檔案。

第③類 電腦稽核紀錄檔
電腦稽核紀錄檔，簡稱log files。例如雅虎奇摩帳號micky涉嫌從事拍賣詐欺，從雅虎奇摩提供的紀錄檔中，顯示會員帳號micky的申登資料是王小扁，並曾於A時間，由B IP登入雅虎奇摩。個人資料保護法又稱為「軌跡資料」。

第④類 網頁內容
例如網頁遭置換、留言板或討論區有誹謗內容。

第⑤類 APP紀錄資料
目前手機或平板電腦大量使用APP程式，衍生出許多APP程式的內容與紀錄資料可作為數位證據。例如有法院判決引用WOMANLOG應用程式，證明當事人有外遇性交行為。(高雄地方法院102年度簡上字第167號刑事判決)

● 軌跡資料

相關規定	個人資料保護法施行細則第12條第2項第10款：「使用紀錄、軌跡資料及證據保存。」
修正說明	軌跡資料係指個人資料在蒐集、處理、利用過程中所產生非屬於原蒐集個資本體之衍生資訊（LOG FILES），包括（但不限於）資料存取人之代號、存取時間、使用設備代號、網路位址（IP）、經過之網路路徑…等，可用於比對、查證資料存取之適當性。
本書說明	軌跡資料類似於內部的稽核紀錄，例如國稅局人員為了要查稅，所以調閱了某位民眾過去5年的報稅資料，稅務資料系統就會將這筆查詢是由何人、何時所查詢加以紀錄下來，以便日後稽核之用。又如某位法官曾經違反規定查詢同院女同事的資料，也都因為留下查詢的軌跡紀錄而遭政風單位查出。

● 數位證據怎麼蒐證？

　　律師、企業法律或資管人員，面對各種訴訟類型，必須要扮演蒐集數位證據的角色。舉個情況，假設企業網站遭到攻擊時，該怎麼反應？如果律師接到企業通知將對入侵者提出告訴，該如何協助與指導企業蒐集證據呢？

一、置換網頁是什麼？

　　網頁遭竄改是常見的攻擊方式之一，先看下圖，是某網站遭到入侵後，首頁圖片被置換的情況。

▲網頁置換示意圖

　　有些資安專家將置換網頁，戲稱為「網頁變臉」，起因於一部電影「變臉」（Face Off），一位警探為了打入犯罪集團，遂與昏迷不醒的犯罪首腦交換臉皮的電影故事。置換網頁也是一樣，將其他人的網頁新增、刪除，或變更成自己所想要的網頁內容。

　　置換網頁的攻擊模式，可以分成首頁置換，以及子目錄網頁新增或修改兩種，分別將此兩種情況，以表格介紹如右頁下：

　　網頁置換只是攻擊手法的一種結果，至於攻擊手法則有許多種，如常見的SQL Injection、社交攻擊、木馬植入等。

接著，讓我們先來看以下的案例：

【實案情境】

電話那頭傳來一連串急促的聲音，律師小張一看電話號碼，是甲公司負責人大毛的來電。

大毛喘吁吁的說道：「小張，公司的網站好像遭到駭客入侵，所有的網頁都看不見了，還換上三點全露的情色網頁，我該怎麼辦？一定要幫我抓到這些駭客，讓他們繩之以法…」

律師小張頭上突然隱約地浮現三個問號？？？

網路被入侵，換上情色網頁！？

天啊！這可是第一次聽過，該怎麼替客戶提供建議呢？可以找誰協助呢？

類　型	意　義	特　性
首頁置換	直接將首頁或其他主網頁置換	容易發現。
子目錄網頁新增或修改	修改已存在但非主要的網頁，或自行增加原本不存在的目錄或網頁	不容易發現，甚至於二、三年以上都持續存在。

二、思考點一：蒐集證據

證據，是提出訴訟的第一步。

律師的工作當然不是技術上的支援，但必須協助企業檢視證據是否足夠，以及指導採證過程的完備性。然而，律師若對於基本的資訊概念不了解，恐怕無法讓企業主所信任，因此有必要了解基本的數位證據蒐證觀念。

雖然不同的入侵類型，所蒐集的證據或有所不同。惟基本上不外乎蒐集右頁的證據，如紀錄檔、監控紀錄、受害情況等。

三、思考點二：蒐集證據的專家

蒐集證據的過程，如果是被害人自行蒐集，可能在法庭上會受到質疑，被告之一方可能會主張數位證據容易遭到竄改，所以相關犯罪事證都是原告偽造誣陷所為。因此，透過專業公正第三人的採證，就可以確保所蒐集之數位證據具備證據能力（形式證據力）。

歐美國家在數位鑑識的領域中已經相當成熟，類似的數位鑑識公司相當的多，我國仍在開發階段，目前已經成立的數位鑑識公司寥寥可數。透過數位鑑識專家的採證，有助於正確、合法地蒐集相關犯罪事證，在法庭上進行訴訟攻防。

註解：

zone-h.org是一個國際組織，蒐集全世界網頁遭到網頁置換攻擊的情況，建立一個資料庫以供查詢。但是，資料來源主要是攻擊者主動上傳，有點兒炫耀的目的。因此，資料庫的內容並不代表被攻擊的實際結果，只代表有上傳的攻擊結果，許多犯罪黑數並無法顯現。

蒐集證據		
類　型	特　　性	延伸閱讀
紀錄檔	網頁伺服器的紀錄檔，通常會記錄登入的時間、登入的行為等資料。雖然系統能夠紀錄相當多的資訊，但必須視管理者設定哪些資料內容要留下紀錄。	參考本書《電腦稽核記錄檔》第180頁以下。
監控紀錄	目前許多有規模的企業，都會進行內部網路監控。常見監控的範圍，包括Email監控、聊天軟體監控、FTP檔案傳輸監控、點對點傳輸監控、上網瀏覽行為監控等網路行為。	參考本書《企業內部監控的合法性》第17～21頁。
受害情況	若是網頁遭到置換，除了前述的紀錄檔之外，還可以把遭置換的網頁留存。由於企業必須持續正常營運，犯罪現場(遭置換的網頁)不能夠一直維持原樣不動，因此必須透過影印、存檔、錄影或製作映射檔等方式留存之。	參考本書《採證四步驟》第124～127頁。

延伸閱讀：《數位鑑識專家》，本書第38～40頁。

● 數位證據之來源

一、數位證據的三大來源

為何要討論數位證據的來源？

既然數位證據成為主要的犯罪事證，已經是必然的趨勢。該如何蒐集到更完整的數位證據，來作為法庭攻防的基礎，無可避免地就必須要了解數位證據究竟存在於何處，該如何蒐集犯罪事證。

數位證據的三大主要來源，分別是侵害者、第三人，及受害者。不過這三種主要來源，只是原則性的分類，提供思考的方向，未必每個案件都適用。例如販賣大補帖的案件，除了第三人以外，就是販售者與購買者，而非侵害者與受害者。

(1)**侵害者的部份**：例如侵害者的電腦中，可能存有攻擊程式，特定攻擊日期的瀏覽網頁暫存檔。通常是執法機關透過公權力之行使所取得，如以搜索、扣押之方式，查扣涉案當事人之電腦系統設備。

(2)**第三人的部份**：較為常見者如ISP業者（註解①），例如雅虎奇摩業者、美商微軟公司，可向這些業者行文調閱帳號使用者之申請登記或使用紀錄資料。攻擊者可能登入ISP業者提供的Webmail服務，然後寄送附有木馬程式的信件給受害者，此時ISP業者就有攻擊者的登入資料（包括來源IP、登入時間等）。如果是DoS或DDoS之類的「干擾」攻擊，也可以向ISP調閱有無流量大小的紀錄。

(3)**受害者的部份**：訴訟當事人主動或被動要求提供涉案之數位資料，例如網路誹謗事件，被害人提供網路誹謗之內容光碟，提供執法機關偵辦之依據。包括有入侵的紀錄檔，遭到竄改的資料檔案，或者是被誹謗的內容等。

數位證據之三大來源

① 侵害者
刑事案件上，通常是以搜索、
扣押的方式，取得數位證據

② 第三人
有些犯罪事證是屬第三人，例
如ISP業者的log files，以調閱
資料的方式，取得數位證據

③ 受害者
受害者也有許多數位證據，例
如遭攻擊之數位現場

註解：

　　ISP，英文全為Internet Service Provider，中文翻譯為網路
服務提供者。例如雅虎奇摩業者、美商微軟公司、中華電信，
都可以算是網路服務提供者，本書後文簡稱ISP業者。

二、ISP業者提供的數位證據可靠嗎？

電腦歷程資料影本有無證據能力？實務上見解分歧，有認為適用傳聞證據，有認為非屬傳聞證據。但是，即便採取傳聞證據的見解，也認為有傳聞法則例外情況之適用。因此，無論採何種見解，法院均認為電腦歷程資料影本，或其他所謂的電腦稽核紀錄檔，具有證據能力，而得採為認定事實、適用法律之依據。

法院認定：依據刑事訴訟法第１５９條之４第２款及第３款，屬傳聞證據的例外，係連續性由機器所製作之文書，如同銀行提存款紀錄無從增刪，自得為證據。

《臺北地方法院92年度訴字第2083號刑事判決》

《刑事訴訟法第159-4條》

除前三條之情形外，下列文書亦得為證據：

一、除顯有不可信之情況外，公務員職務上製作之紀錄文書、證明文書。

二、除顯有不可信之情況外，從事業務之人於業務上或通常業務過程所須製作之紀錄文書、證明文書。

三、除前二款之情形外，其他於可信之特別情況下所製作之文書。

《 送錯電腦鑑識案 》

如果不知道證據在哪裡,可能就會鬧出笑話。

實務上曾經發生一起案例,甲公司電腦遭入侵,資料都被刪除一空,警方追查後發現,IP顯示攻擊行為來自於小毛家中。

一審判決小毛有罪。

小毛上訴二審法院,仍維持一審的辯解,自稱電腦被駭客入侵,植入木馬後,駭客將其電腦當作跳板,入侵甲公司。

二審法院為求謹慎,避免誣陷人於罪,於是將甲公司的電腦送請司法機關鑑識實驗室進行鑑定。

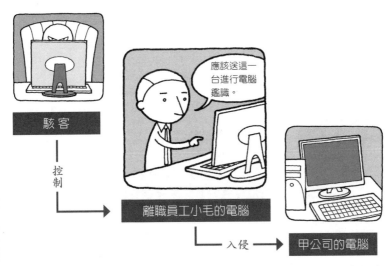

實驗室了解原委後,發現要了解小毛的電腦是否被植入木馬,應該送請鑑定的電腦是小毛的,而不應該是甲公司的電腦。因為,甲公司的電腦主要是瞭解入侵的過程與結果,是否有木馬程式操控小毛的電腦,無法藉由鑑識甲公司電腦而知悉。

延伸閱讀:《木馬抗辯》,本書第236～247頁,
　　　　　《溢波抗辯》,本書第248～256頁,

但是，數位證據除了傳聞法則之外，還有真實性的問題。國內對此尚未有可資遵循的標準，加拿大統一電子證據法(Uniform Electronic Evidence Act)採行推定規則(Presumption of integrity)，認為若無相反證據，則可推定產生或儲存之電磁紀錄系統之真實性。可參考下列項目，判斷是否具備真實性：

編　號	項　　目
❶	產生資料的系統正常運作
❷	監控紀錄儲存於他方，且它方拒不提供
❸	資料是由第三人於系統日常運作下所產生

延伸閱讀：
① 《強化監控紀錄的可信度》，本書第20頁。
② 《易遭竄改性》，本書第52～61頁。
③ 《真實性舉證責任分配》，本書第86～92頁。
④ 《1og紀錄檔》，本書第180～197頁。

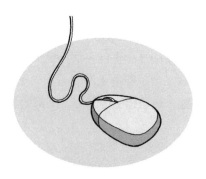

● 企業內部監控的合法性

《A公司E-mail外洩事件》

　　某甲為A公司的員工,公司規定不能夠將內部電子郵件、營業秘密資料寄出至公司以外。某甲無視公司的規定,仍將公司內部的電子郵件寄送至自己的外部信箱,而且還寄送給其他親朋好友。

　　A公司因為有進行內部監控,發現此事後,逐將某甲革職,某甲一氣之下,也控告A公司侵害其隱私權。

　　最後,法院認為員工並無合理隱私權的期待,企業內部監控並未侵害員工的隱私權。

　　　　　　　　（參照：台北地方法院91年勞訴字第139號判決）

※通訊保障及監察法第3條第2項規定：「前項所稱之通訊,以有事實足認受監察人對其通訊內容有隱私或秘密之合理期待者為限。」

一、網路監控的合法性

　　首先要確認者,在於電腦或網路監控員工之行為是否合法？若屬於非法取得的監控資料,可能在刑事案件上的證據能力,以及民事案件上的形式證據力,會遭到挑戰。經由他造律師的質疑,監控所得之內容恐怕無法作為證據。王金平關說事件,主政者雖定位為行政案件,但監控所得之內容亦被指摘為違法取得。

　　參酌法院見解，企業對於員工的監控行為，涉及到隱私權之侵害。若要能合法為之，基本上要符合兩大要件：

❶監看政策
一般企業都會在公告處張貼監看政策，讓員工了解使用電腦網路時，哪些行為是被禁止，應遵守哪些政策原則。

❷員工同意
一間有規模的公司，在員工就任職務時，都會要求員工填寫同意書。若有修改條款，也會再要求員工同意。

　　因此，員工是否已簽署同意書，企業內部是否建立監看政策，都是律師必須要先行確認，以避免監控下所得的數位證據，到最後因為欠缺證據能力、形式證據力，而無法呈現於法庭中作為認事用法的基礎，甚至於有侵害員工隱私權之疑慮。

二、判決內容節錄

　　公司監看員工之電子郵件，是否侵害員工之言論自由、秘密通訊自由或隱私權等基本權利，應視員工是否能對其在公司中電子郵件通訊之隱私有合理期待，若公司對於員工電子郵件之監看政策有明確宣示，或是員工有簽署同意監看之同意書，則難以推論員工對於自身電子郵件隱私有一合理期待。又若無法有合理期待，則應另視有無法律明文禁止雇主監看員工之電子郵件。

《參照：台北地方法院91年勞訴字第139號判決》

公布監看政策的範例

與對方一使用MSN聊天時，就先跳出下列文字：

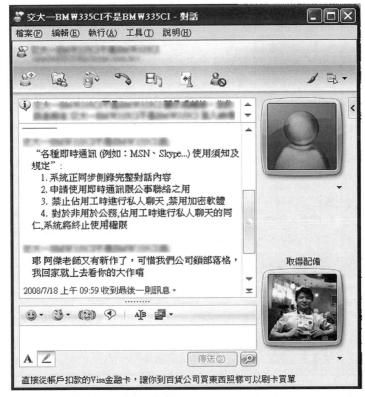

　　交大—BMW335CI不是BMW335CI - 對話

檔案(F)　編輯(E)　執行(A)　工具(T)　說明(H)

"各種即時通訊 (例如：MSN、Skype...) 使用須知及規定"：
1. 系統正同步側錄完整對話內容
2. 申請使用即時通訊限公事聯絡之用
3. 禁止佔用工時進行私人聊天,禁用加密軟體
4. 對於非用於公務,佔用工時進行私人聊天的同仁,系統將終止使用權限

耶 阿傑老師又有新作了,可惜我們公司鎖部落格,我回家就上去看你的大作嗬

2008/7/18 上午 09:59 收到最後一則訊息。

取得配備

傳送(S)

直接從帳戶扣款的Visa金融卡,讓你到百貨公司買東西照樣可以刷卡買單

　　（MSN目前已停止服務，類似服務者如SKype或Line，但筆者未再見過類似畫面。）

三、強化監控紀錄的可信度

　　監控紀錄有沒有可能被竄改？監控紀錄與紀錄檔一樣，取得與留存的程序，到底是不是具備可信性？

　　律師可要求當事人提供下列資料或主張，以強化監控紀錄之真實性：

編號	項　目	說　明
1	產生資料的系統正常運作	如果產生必要證據之電磁紀錄系統或設備曾正常運作，或雖無法正常運作，亦不影響所產生電磁紀錄之真實性，則不應無理由懷疑電磁紀錄系統之真實性。
2	監控紀錄儲存於他方，且他方拒不提供	如一方當事人尋求證明之電磁紀錄，係由利益相反之他方當事人紀錄或儲存，若他方無正當理由拒不提供，則推定紀錄之真實性。 例如企業有留存msn紀錄，若當事人提出自己與雇主兩人，曾經針對某特定事實，透過msn紀錄聊天。這時候，可以請對方也提出留存的紀錄以茲比對，若對方不提出來，則可以推定自己紀錄的真實性。(註解)
3	資料是由系統於日常運作下所產生	如該電磁紀錄係由一無利害關係人在通常或定期，且未在受一方所控制下所記錄或儲存，則可推定該證據之證據能力。

註解……………………………………………………………………………

　　民事訴訟法第345條第1項規定：「當事人無正當理由不從提出文書之命者，法院得審酌情形認他造關於該文書之主張或依該文書應證之事實為真實。」

　　被告擔任甲公司員工，又成立了一家競爭關係的乙公司，將甲公司的客戶名單以及相關交易資訊，提供給乙公司，涉嫌背信罪，遭判有罪。(臺北地方法院刑事判決99年度易字第29號)

　　甲公司提供MSN網路通信歷史紀錄列印資料、電子郵件，被告辯稱前揭證據乃未經被告同意非法取得，且內容可能經過竄改，應無證據能力置辯。

　　法院認為：該等證據都是被告在甲公司任職時，使用甲公司電腦設備所留存。甲公司於被告離職後，整理被告任職期間配發之電腦，進而取得證據，應無違法律保障個人隱私權利之意旨，且取證過程復無關乎公權力之行使可能。

　　一般來說，如果提出證據者為執法機關，基於執法機關的可信任性，法院大多不會質疑該證據採證流程的可信度，而會採用該證據。

　　但是如果提出證據者為當事人，若他造對於該證據之採證流程可能有遭竄改而提出質疑，有些法院會採取較為謹慎的態度，要求當事人進行說明，或請公正第三人的鑑識單位進行鑑識。

● 常見與數位證據有關之犯罪類型

一、數位證據時代

數位證據，已然成為犯罪的主要證據型態，任何案件幾乎都與數位證據有關係。以Microsoft涉及反托拉斯法的案件，美國檢察官就搜獲許多內部的電子郵件內容，作為與微軟進行官司的重要依據。

號稱要讓全球政府更透明的維基解密(WikiLeaks)，2006年成立以來，陸續透過各種方式與管道，陸續將公布美軍在巴格達濫殺平民、美軍阿富汗戰爭的軍事機密，以及25萬份美國駐外使館的秘密電報公佈，造成各國外交關係間的尷尬。如果從我國法制的角度來看，若有入侵或取得電磁紀錄行為可能涉及刑法第358條入侵電腦系統罪、第359條無故取得電磁紀錄罪、洩密罪等，相關外洩的資料，也都可以算是數位證據。(2013年另發生一起Snoden事件，將美國政府監控網路之行徑外洩)

台灣也是全世界科技產業的重要發展國家，企業內部多已數位化，無紙化是一種趨勢。因此，數位證據未來將在各種案件中存在。換言之，未來幾乎每一種犯罪類型，應該都會與數位證據有關係。

除右表《常見與數位證據有關之犯罪類型》之外，因為電腦網路的普及性，幾乎所有的案件都已經涉及到數位證據，所以如何蒐集相關數位證據，就成為執法人員、當事人的一項重要課題，也是一種基本的能力。

二、常見與數位證據有關之犯罪類型

犯罪類型	說　明	相關數位證據
妨害電腦使用罪章	刑法第36章有四種犯罪類型，包括無故入侵、無故取得刪除變更電磁紀錄、干擾系統、設計惡意程式等罪。	Log紀錄(追溯行為來源) 帳號申請登記資料 遭入侵受害結果(如資料庫遭刪除) 遭竄改電磁紀錄 惡意程式 遊戲公司提供的遊戲歷程紀錄(通常是盜取遊戲寶物)
網路妨害名譽	包括公然侮辱、誹謗等罪	Log紀錄(追溯留言來源) 帳號申請登記資料 網頁侮辱或誹謗內容
網路著作權	例如販賣大補帖、P2P軟體分享影音檔	Log紀錄(追溯侵害來源) 帳號申請登記資料 侵害著作權檔案 網路廣告內容(例如大補帖產品目錄)
網路詐欺	目前以網拍詐欺為主	Log紀錄(拍賣得標紀錄、賣家資料、留言回應資料等) 帳號申請登記資料 拍賣產品網頁
網路販毒	目前許多毒犯均透過網路進行販毒行為	聊天紀錄檔 視訊通訊監察內容
商業秘密	以高科技公司竊取商業機密為主	Log紀錄（資料上傳或下載的紀錄） 內部監控檔案 竊取機密資料檔 往來電子郵件內容

2.

數位鑑識

● 數位鑑識的定義

很多人都應該看過CSI（Crime Scene Investigation）這部美國影集，探討犯罪現場調查，這是一部粉絲眾多、收視率極高的影集，許多難破的案件，在鑑識人員的抽絲剝繭之下，都可以順利突破，也帶動民眾對於鑑識科學的關注。

數位鑑識（Digital Forensics）是鑑識科學的一環，隨著科技的演進，人們的生活與電腦網路早已脫離不了關係，也讓數位鑑識的重要性逐漸增加。雖然數位鑑識才剛起步，但這幾年來發展有長足的進步，也逐漸成為一門顯學。

所謂數位鑑識（Digital Forensics），簡單來說就是透過一種標準的數位證據採證流程，將電腦、網路設備中的數位證據加以保存，並整合相關數位證據進行分析、比對，還原事件發生的原始面貌。

● 侵入性鑑識

過去電腦鑑識發展之初，強調鑑識過程不能造成原始證物的變動。但是這樣子的概念，在實務上卻根本不可能完全落實。從傳統許多鑑識作為，也都會對被鑑識客體進行侵入性的鑑識，如驗毒品、屍體等，實務上甚至還曾經發生過一件蠻特殊的案件，SGS公司將陳姓民眾送驗的古董級臉盆切割一塊送驗。（2011/7/26聯合報「送驗遭切割，骨董臉盆壞了了」）

侵入性鑑識

啊！這是國寶耶！怎麼可以破壞？

近來，手機鑑識因為手機的款式繁多，造成鑑識過程的高度困難，要製作相同的Image檔後再行鑑定，實有相當大的困難。通常必須採取侵入性的鑑識，也許會植入程式至手機中，才能讀取資料。但是，這樣子的行為容易遭到當事人質疑竄改證物內容，因此面對此一質疑，鑑識單位可以透過一定程序，驗證植入程式並不會影響關鍵證物之內容。

此外，許多執法單位搜索電腦也是逕行進入電腦中執行，可能會有變動數位證據之不測結果。況且若將涉案電腦進行鑑識分析，鑑識報告之內容還會顯示出最後存取的時間，會發現部分檔案遭到變更而被質疑。同樣地，也必須證明關鍵證物即便遭到存取，但並沒有遭到修改。此時，可以透過一些鑑識程序補強，例如透過一些鑑識工具紀錄存取電腦的動作，或者是全程錄影，至少要做好紀錄「文件化」的工作，來佐證資料並未遭到竄改。

● 當事人提供數位證據

在刑事訴訟程序中，本書中所提到之當事人，通常是指告訴人或告發人；民事訴訟程序上，則包括原告及被告。

實務刑事判決中，由第三人(如ISP)提供的資料，除了傳聞證據外，在法院審理過程中，比較不會受到質疑。但是還有許多數位證據的蒐集來自於當事人，在法庭程序上容易引發質疑者。

蓋因當事人蒐集數位證據的方式與流程恐怕較為簡略，甚至於違反一些採證的原則，而容易遭到他造當事人質疑。當事人提出之數位證據，通常有下列二階段之問題：

一、是否合法取得

以企業與離職員工的案例最為常見，由於企業取得資料通常是從內部監控系統或者是被告離職前使用過的電腦中取得，所以員工通常會主張侵害隱私權，或者是主張原雇主取得資料是非法取得。

內部監控取得的資料，是否合法取得，在前開「企業內部監控的合法性」業已敘明。至於有關於取得資料是否屬於非法取得，茲舉一例說明，某甲任職A公司，B公司欲與A公司購料，某甲竟推薦C公司可提供更低的價格，B公司逐以某甲之skype與C公司聯繫並購料。(參照臺灣新竹地方法院檢察署98年度偵字第2914號起訴書、新竹地方法院99年度訴字第176號刑事判決)

A公司提出B公司以某甲之skype與C公司聯繫的對談紀錄，檢察官起訴後，被告辯稱skype必須登入後才能解讀出其對話內容，顯係違法侵入其帳號，此一過程可能有違法取得證據的質疑。(一般鑑識軟體如nirsoft skypeview即可直接看檔案，不必登入)

筆者認為，若真如被告所辯，疑似某甲使用自動登入的功能，A公司使用密碼蒐集軟體而取得某甲之密碼，登入後再取得其對談紀錄，確實有違法取證的問題。

二、取得資料有無遭到竄改

常有當事人主張他造取得的資料是遭到竄改的，甚至於有主張系統時間遭到竄改或修改，則從此一系統中取得的證據均無法作為認定事實、適用法律之基礎。茲舉一個實務案例，甲乙為夫妻，乙與丙相姦，甲發現乙丙二人MSN聊天內容，乙始坦承犯行。(臺灣板橋地方法院98年度易字第2299號刑事判決)

當事人怎麼採證MSN的聊天紀錄呢？

把MSN 的存檔資料轉成EXCEL 檔案，然後再從EXCEL程式中用滑鼠去按PRINT 按鍵列印出來，然後再說未更改對話內容等語。被告丙亦不否認確有使用該帳號與乙對話，惟爭執該檔案之修改方法容易，故卷附之對話資料恐遭人纂改等語。

MSN聊天內容 → EXCEL檔 → PRINT成紙本 → 提出於法院

法院難以判斷是否遭到竄改，故送請鑑定，其回覆要點如下：

本案送鑑主機硬碟，經接防寫器以鑑識軟體分析該檔案，僅能得知該檔案上次修改時間。而因MSN Messenger 儲存方式係依通訊帳號作為檔案名稱留存於電腦中 (檔案格式為xml 檔)。當使用者關閉對話框時，該即時通訊軟體即自動將對話紀錄留存於同一xml 檔裡面 (若對話內容超過該軟體檔案設定大小，則舊訊息將另存成其他檔案或遭刪除)，因此通話紀錄修改時間係記錄最後一次關閉對話框之時間。當通話紀錄內容遭修改時，其通話紀錄修改時間將更動為修改時之時間；之後若再有新對話內容儲存，則通話紀錄修改時間將更動為該對話框關閉之時間，因此無法得知是否曾遭到修改。

除此之外，被告丙還提出一份MSN對話檔案更改方法，以電腦內之「記事本」程式即可輕易更改之，故卷附 之MSN Messenger 對話紀錄是否確為被告甲、乙間原始對話內容，顯非無疑，若允許其得提出於審判庭而成為法院認事用法之依據，恐有導致誤判之風險，因認其不具證據能力。

這一段鑑識報告的重點在於最後一句話「因此無法得知是否曾遭到修改」。既然有可能遭到修改，這樣子的證據真實性、可信賴性即有所欠缺，難以認定有證據能力。

　　其次，上開鑑識報告的其他部分，則是在解釋MSN聊天內容紀錄檔的特性，內容包括：

1. 格式是xml。

2. 關閉對話框時，才會將對話紀錄留存於xml格式的檔案中。最後一次關閉對話框的時間，就是通話紀錄修改時間。(沒有關閉對話框，並不會存檔。)

3. 存檔的檔案容量有上限，超過會另存成其他檔案或遭刪除。

　　但還是有許多MSN軟體的特性，並未呈現於該判決中所顯示的鑑識報告文字，例如：

　　⑴MSN聊天內容可設定為儲存或不儲存，如果不儲存，就沒有聊天檔案。

　　⑵預設儲存聊天內容的資料夾可以改變。

　　⑶每一個聊天對象會產生一個檔案。

　　⑷第一次聊天，在關閉對話框的時候，檔案「建立時間」與「修改時間」會相同。

本書見解

　　檔案時間雖然容易遭到竄改，但可以比對METADATA的時間，或者是透過程式分析有無使用特定竄改時間之程式。

註：雖然MSN已經不再運作，但類似概念仍存在於其他聊天軟體。

● 數位鑑識流程

國外數位鑑識所採取的流程，通常會先透過律師，尋求數位鑑識專家的協助。接著，由數位鑑識專家進行數位證據的採證工作，並提供專業的鑑識報告，在法庭上擔任專家證人，證明這些數位證據的可靠性與可信賴性。

以下列表，將數位鑑識程序的基本流程，列表介紹：

項 目	內 容
蒐 集	犯罪現場找出所有可能成為證據的數位資訊設備及儲存媒體，例如：硬碟、外接式硬碟、光碟片(CD / DVD)及軟碟磁片、USB 隨身碟、快閃記憶卡(Flash Memory)、MP3、智慧型手機、平板電腦、雲端等。
檢 驗	檢驗涉及存取並截取輸出與案情相關的資訊，時常會面臨到需要繞過應用程式及作業系統的安全保護程序、資料壓縮、密碼加密、存取控制，以及虛擬主機等狀況。
分 析	相關資料被輸出之後，接下來便要對這些資料進行分析、交叉檢驗及案情推論，以得到一個犯罪案件發生的過程及結論。 實務上運作，數位鑑識人員必須與案件承辦人員溝通，瞭解案件的重點所在，才能讓分析的結果有助於案件的偵查，而不會像是在大海撈針一樣，沒有效率，甚至於做了白工。
報 告	報告主要是將分析的結果及結論，以清楚明瞭的方式呈現給企業的管理者或是法官、檢察官、執法人員及律師做為參考。
法庭呈現	相關數位證據與報告呈現於法院中，作為認定事實、適用法律之基礎，鑑識人員視案情的需要，也有可能出庭作證，成為專家證人。

數位鑑識流程

企業發生需電
腦鑑識之案件　　委任律師　　尋求電腦鑑
　　　　　　　　　　　　　識專家協助

蒐　集
↓
檢　驗
↓
分　析
↓
報　告
↓
法庭呈現

✱筆記✱

● **數位鑑識實際案例**

目前實務上已經有許多送請數位鑑識的實際案例，以下分別例示數個提到「電腦鑑識」之判決摘要如下：

案例❶ 妨害電腦使用罪案

項 目	內 容
扣押內容	扣案之聖X公司電腦
裁判依據	最高法院101年度台上字第739號刑事判決
鑑識單位	警政署刑事警察局
鑑識與判決內容	李X伊所使用之程式原始碼……因電磁紀錄有易修改特性，即使程式碼係由網路上下載取得，亦有可能在取得後修改程式碼內容，故無法認定係自行撰寫或係自網路上下載取得。

案例❷ 違反貪污治罪條例案

項 目	內 容
扣押內容	(不明)
裁判依據	桃園地方法院96年度聲字第910號刑事裁定
鑑識單位	法務部調查局
鑑識與判決內容 鑑識與判決內容	…該筆記型電腦嗣經檢察官送請法務部調查局進行相關鑑識分析後，發現確有數量甚鉅經刪除顯疑與本案有關檔案資料一情，亦有法務部調查局ＸＸ號函及所附法務部調查局資訊室電腦鑑識實驗室鑑識調查分析報告一紙在卷可稽……本案刻在審理中，而前開扣押物固屬聲請人私人使用之物品，惟其內既存有數量甚鉅經刪除而顯疑為與本件涉貪污罪嫌公用工程相關之電磁紀錄，此等電磁紀錄雖有部分業經法務部調查局電腦鑑識人員予以恢復留存，然該等電磁紀錄均留存於被告業務上使用之上開扣押物內，並曾遭刪除之狀態，可供直接證明聲請人是否有上開行賄、共犯貪污犯行，及於工程未施作完成結案前曾遭悉數刪除等之事實，自與本案有關聯性，可為犯罪證據，依上開規定，自得扣押之……

案例❸ 違反槍砲彈藥刀械管制條例案

項 目	內 容
扣押內容	被告甲之住所查扣電腦主機
裁判依據	臺北地方法院97年度訴字第697號刑事判決
鑑識單位	警政署刑事警察局
鑑識與判決內容	…使用「黑合會」、「960613」、「什麼東西？王八蛋」、「謝欣霓」、「李敖」、「蔣公」等關鍵字對全硬碟進行搜索，發現含有「黑合會秘書長」等字樣之電腦檔案，復有內政部警政署刑事警察局電腦鑑識報告在卷可參……

案例❹ 偽造文書等案

項 目	內 容
扣押內容	(不明)
裁判依據	臺中地方法院96年度訴字第2075號刑事判決
案例摘要	甲公司屬外國公司，未經向我國辦理設立登記，即與我國公司簽訂契約，違反公司法第19條第1項規定。
鑑識單位	警政署刑事警察局
鑑識與判決內容	另經本院另案成股函詢內政部警政署刑事警察局95年12月13日刑研字第0950188244號函檢送之內政部警政署刑事警察局電腦鑑識報告結果顯示： 4.……系爭三方合約書PDF電子檔「MOD頻道契約書1.PDF」版本為1.4版，而送鑑電腦內所能產生之PDF檔版本為1.3版，兩者版本不同，故此系爭三方合約電子檔「MOD頻道契約書1.pdf」應由外部電腦傳入，而非送鑑電腦所能產生（註解①）。

註解①……………………………………………………………………………………

> 透過電腦鑑識，分析送鑑電腦中所有PDF軟體的版本是1.3版的較舊版本，無法產生1.4版的檔案，而認定該PDF檔應該是由外部電腦傳入。
>
> 本案後經上訴臺灣高等法院台中分院(96年上訴字第3112號判決)，撤銷原判決。後本案又再上訴最高法院(100年度台上字第96號判決)，上訴駁回。

案例❺ 偽造文書罪

項 目	內 容
扣押內容	(不明)
裁判依據	高等法院高雄分院92年度上訴字第1746號刑事判決
案例摘要	某中學舉辦代理教師甄試，為使備取第二名之老師順利通過甄試，竄改「電腦能力測驗」之成績。
鑑識單位	警政署刑事警察局
鑑識與判決內容	本院將全部卷證資料送內政部警政署刑事警察局電腦犯罪中心鑑定，「使用專業電腦鑑識軟體『Encase』針對『1055戊○○』之磁片進行勘驗，發現該磁片已因不明因素損毀，以致無法讀取該磁片內相關內容進行判讀」，「『～WRL』開頭檔案，係為操作WORD時自動產生之系統暫存檔，此種檔案在以磁碟片儲存的情況下，具有隱藏（Hidden）之檔案特性，一般使用者無法察覺。若無經過任何人為處理，即可由『～WRL0752.TMP』此檔案的最後寫入日期（Last Written）判斷該時間點檔案之原始內容態樣。」。 嗣經本院專業人員（資訊室之電腦專家）協同以各種不同方式調取各該磁片內容，列印顯示解讀「該磁片於8點33分確有一隱藏檔，另於8點52分又有一檔案儲存」（另一較普通之方法調取結果列印則僅顯示最後一個檔案），該二檔案相隔19分鐘，依本件電腦能力測驗全程係20鐘，若前後二檔案，均係在規定之時間內完成，則前述第一件作品應係在1分鐘之內完成，參諸該考試題目，係自指定網站抓取圖片檔下載於磁片中，再運用WORD軟體程式製作指定表格，圖片說明文字編輯於圖片附近之適當位置，此一題目，任何人無從於1分鐘內完成，如其能於1分鐘之內完成，爾後之修改，則不必19分鐘之久，況本次測驗時間，係自8點20分起至8點50分止，則所解讀之8點52分之檔案，顯係在考試時間完畢之後完成，依考試規則則應扣分，此正符合甲○○所陳：「『WRL0752.tmp，TMP檔案 2000/07/27 AM08:33』係戊○○原始作答儲存檔案，另『1055.doc Microsoft Word文件2000/07/27AM 08:52』係己○○及庚○○於89年7月30日在旁要脅我拷貝甄試人員鄭○○電腦能力測驗成績一百分之檔案至戊○○電腦能力測驗磁片中，並置換時間」等語。

案例 ❻ 妨害電腦使用罪

項 目	內 容
扣押內容	(不明)
裁判依據	臺灣高等法院96年度上訴字第1313號刑事判決（註解②）
案例摘要	被告觸犯業務過失傷害案，不滿遭檢察官提起公訴，並判刑確定。遂入侵法務部系統，竄改空白例稿之「刑事聲請再議狀」，加入個人隱私資料，再以侮辱公署之意圖，與媒體聯繫，報導法務部外洩個人資料之新聞，嚴重影響法務部對外之公正形象。
鑑識單位	法務部調查局
鑑識與判決內容	此外復有法務部單一申辦窗口電磁紀錄使用TRACE程式檢查檔案異常修改紀錄及防火牆稽核檔案列印資料、中華電信查詢IP61.228.223.66回覆表、刑事聲請再議狀、被告聲請橫書.DOC 空白表及遭變更後列印資料、臺灣臺北地方法院檢察署92年度偵字第15128號案件起訴書、勘驗筆錄及會勘照片，法務部調查局資訊處電腦鑑識報告足憑。

註解②‧‧‧

本案一、二審法院均認為要由法務部提出告訴。最後提起非常上訴，最高法院終於判決認定屬於非告訴乃論罪，而將一、二審認為屬告訴乃論之部分，以違背法令加以撤銷。

《參照最高法院97年度台非字第285號刑事判決》

案例❼ 違反商業會計法等罪

項 目	內 容
扣押內容	筆記型電腦
裁判依據	臺灣高等法院94年度上訴字第1011號刑事判決
案例摘要	台北市政府舉辦廢電池回收之環保活動，由環發會承包。為提高活動人氣，遂提供101件筆記型電腦獎品，讓民眾參與抽獎。但因實際只有3台電腦，遂竄改實際得獎人之姓名，如姓名其中一字更改為同音字，以掩飾只有3台獎品的窘境。
鑑識單位	臺北市政府警察局刑事警察大隊
鑑識與判決內容	本案經檢察官於93年4 月15日在臺北市政府警察局刑事警察大隊電腦犯罪專組，對被告蔣○○、庚○○及王○○三人所使用之IBM、DELL及Twinhead 牌筆記型電腦勘驗，並委託「敦陽科技股份有限公司」（下稱敦陽公司）資訊安全事業處資深經理林○○到場對前揭被告蔣○○及庚○○二人所使用之IBM、DELL 牌筆記型電腦內硬碟機之電磁紀錄予以映像備份後，使用Forensic Computer Inc 鑑識專用主機並Guidance Software Encase V4.18軟體實施資料鑑識。 結果僅在被告庚○○使用之DELL牌筆記型電腦中找到0106.doc檔案，在被告蔣○○的IBM 筆記型電腦中並未找到0106.doc檔案，而在被告庚○○DELL牌筆記型電腦中所找到的0106.doc檔案，與王○○提供給臺灣臺北地方法院檢察署的原始中獎名單，姓名不同者計有17處，………亦有勘驗筆錄及電腦鑑識報告在卷可證。

案例❽　違反妨害電腦使用罪

項　目	內　　　　　容
扣押內容	（不明）
裁判依據	高等法院95年度上訴字第3830號刑事判決
案例摘要	尋○園網站，一個聊天網站，為了讓使用者不要連上其他類似的網站，提供「尋○園聊天室增強元件」。使用者連上該網站，即會自動彈出視窗，詢問（或警告）是否同意安裝該元件，同意後，始得進一步變更使用者電腦內之電磁紀錄檔案。 為達增益上網瀏覽之人使用其網頁服務，並達到排斥同類事業之目的，佯稱該程式之功能可過濾含有色情、廣告內容之網頁，且能讓使用者在尋○園聊天室之程式更加穩定，使不知情之使用者誤信彼等說詞而同意安裝該程式。倘使用者不同意安裝該程式時，尋○園網站每隔20至30分鐘，重覆尋問是否安裝以困擾使用者，使用者不堪其擾同意安裝後，將無法連上其他同性質的網站，導致如同遭到「網頁綁架」之結果，致生損害於使用人。
鑑識單位	財團法人資訊工業策進會
鑑識與 判決內容	本件涉及專業之電腦犯罪，被告等設計之「尋○園聊天室增強元件」程式，供網友安裝是否變更他人電腦電磁紀錄或干擾他人電腦，又是否為專供犯妨害電腦罪章之電腦程式（見刑法第359條、第360條、第362條），自應為專業之鑑定，非一般人隨意指訴或電腦開機檢視即可判斷。經本院將被告設計提出之網路增強原件原始碼光碟及告訴人等提出告訴，由內政部警政署刑事警察局承辦電腦犯罪之警察丙○○由網路上下載之被告等增加元件軟體程式光碟，囑託送請具公信力之財團法人資訊工業策進會（以下簡稱資策會）予以鑑定。

● 數位鑑識專家

一、重要數位鑑識證照

　　要判斷是否屬於數位鑑識專家，因為國內數位鑑識工作，只有調查局、警政署有相關單位負責，民間鑑識公司幾乎是沒有。因此，如何判斷屬於數位鑑識專家，除了前述的工作領域外，電腦鑑識相關證照就是一項重要的參考標準。

　　但是，電腦鑑識相關證照，相較於其他Java、Microsoft等證照，類別與數量上顯然少很多。惟國際間仍有一些相關電腦鑑識證照資訊，可作為初步判斷是否屬於數位鑑識專家的參考依據。（相關網站如右圖）

　　目前尚未將右列證照課程引進國內，但未來除了引進該等證照外，固然花費一些授權費用，可以馬上與國際接軌，取得的證照也可以符合國際的要求。但若能由國內相關機構發展適合我國法令制度的數位鑑識證照，才能落實將數位鑑識之發展本土化。

　　國內學校及業者也有開設電腦鑑識證照之相關課程，與前述國際證照，在能力證明上並無太大之差別。只可惜，在於國內學習此一領域的人士較少，致使此類課程有時無法定期舉辦。

ICFCE - Certified Computer Examiner

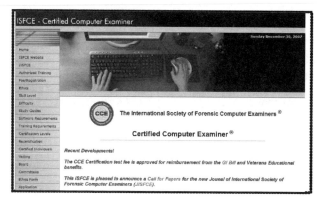

參考網址：http://www.certified-computer-examiner.com/

GCFA - GIAC Certified Forensics Analyst

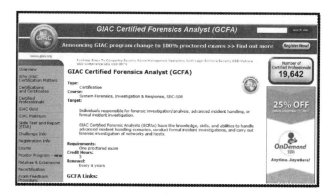

參考網址：http://www.giac.org/certifications/security/gcfa.php

二、國外重要數位鑑識機構

鑑識顧問公司	
Daylight Forensics & Advisory	http://www.daylightforensic.com/
FTI Consulting	http://www.fticonsulting.com/
CRA International	http://www.crai.com
AlixPartners	http://www.alixpartners.com/

鑑識技術服務公司	
MFI (Mobile Forensics Inc)	http://mobileforensicsinc.com/
Foundstone	http://www.foundstone.com/
Guidance Software (EnCase)	http://www.guidancesoftware.com/

● 鑑定人

一、數位鑑識鑑定人應有的資格

鑑定人，牽涉到所做出來的鑑識結果是否可信，以及有無擔任鑑定人的資格。

電腦證照是近十年來逐漸流行，透過特定組織、企業的認證，來輔佐證明取得認證者具備該證書的基本能力。電腦鑑識也有許多的證照，是能力的一項參考指標，但沒有證照並不代表不具備鑑識資格，仍應參酌其他資歷。

例如執法人員甲參加Encase鑑識軟體的認證課程，也取得該軟體的相關證照。但是在實際案例上，使用的鑑識軟體卻是FTK，則Encase的鑑識證照，恐怕就不能作為使用FTK證照的基礎。

除了鑑識證照之外，相關考量鑑識能力的依據，可參考下列事項：

編號	項　目	說　　明
1	學歷	是否為相關科系，例如資工、資管，是否曾經修習相關課程，或曾從事相關研究。
2	研究領域	是否曾經撰寫鑑識領域的論文，該文章投稿之期刊雜誌是否在學術界中有達到一定的評價，或出版相關書籍。
3	實務經驗	是否曾經偵辦過與數位案件相關的犯罪行為，或從事其他案件的鑑識工作經驗。
4	教育訓練	是否曾經受過相關數位鑑識訓練。

二、鑑定人資格認定案

（一）Ezpeer侵害著作權案

　　鑑定證人甲、乙各在網路協定暨演算法之設定、P2P 對等式網路領域內學有專精，累積一定之論文數量發表於知名期刊、雜誌，有助瞭解本案P2P 架構下檔案搜尋模式之證據，具有專家資格，且依其等之特別知識曾於92年2月至4月間觀察ezPeer網站平台檔案搜尋模式，於本案中堪認其等具有鑑定證人之適格。

　　　　　　　　　　　《高等法院94年度上訴字第3195號刑事判決》

（二）雅虎奇摩法務擔任專家證人案

　　法院針對雅虎奇摩公司(http://tw.yahoo.com)的網路電子郵件，網頁網址編碼中的數字，是否會隨著時間而有所不同，例如時間較新的郵件，數字較大，較舊的郵件，數字較小？

　　法院發函委請雅虎奇摩派人作證說明，雅虎奇摩派了法務人員甲到庭說明如下：

　　　…伊和公司之工程人員確認過，電子郵件製作時就會由系統自動編碼，在列印時若係在電子郵件上按右鍵開新視窗進行列印，上方會顯示URL（網址），裡面有編碼，原則上電子郵件製作完成在前的號碼就會比較小，雖然是亂碼，也會按照系統編碼排列，如果沒有邏輯會很亂等語……

　　由於這一段證詞不利於被告，可是當初被告的律師並沒有質疑證人甲的資格，導致證人居然是法務的背景，既不是該網頁網址編碼的設計者，更誇張的是，證人甲也是「聽說」，請參見上述摘錄的判決內容「伊(甲)和公司之工程人員確認過」，居然也可以針對這麼專業的議題來作證。從判決書的其他內容中，發現甚至於連該名工程人員所負責的工作內容，是否與網頁網址編碼的設計有關，都不清楚。

　　所以，被告的律師只好在答辯書中趕緊補充質疑甲的資格，以及所言的證據能力，其辯解如下：

> 　　…有關網頁資訊編碼部分，並非全然依據時間先後由小至大編碼，證人甲於本院所為證述，與事實並非完全相符，且其非專業之電腦網路專業知識人員，對電子郵件之網頁編碼技術問題並非熟悉，故其所言亦不具證據能力。…
>
> 《台北地方法院95年訴字第1606號刑事判決》

　　但是，最後法院還是採信證人甲的說詞。

　　所以，律師有義務搞清楚坐在證人席上的證人，到底有沒有作證的資格，如果沒有，應發揮律師的功力請他回家，否則出現這麼無奈的判決結果，可憐的還是被告啊！

延伸閱讀　《電子郵件—申登資料》，本書第154～158頁。

● 鑑識報告的格式

鑑識報告有一定的格式規範嗎？

　　顯然是沒有。但多年來，最高法院對於一些案件的鑑識報告有所意見，逐漸地形成一些標準。先來談一下早期的測謊鑑定報告過於簡要，曾經遭到最高法院的質疑，認為鑑識報告的內容不夠完整，無法讓法院認定該報告具有可信度，所以不得採為證據。經過法庭不斷提出相關判決見解，參酌最高法院對於測謊鑑識報告之要求，輔以數位鑑識報告之特性，本書目前對於鑑識報告的內容，認為應該要符合下列要件（補充資料①）：

編號	項　目	說　　明
1	專業知識技能	參考前述第38～43頁，有關鑑識專家＆鑑定人的部份。
2	鑑定儀器是否具備專業可靠性	鑑定儀器可分為軟、硬體，若是國外大廠的鑑識軟體，其鑑識結果通常已經為國外法院所認可。例如Encase、Finaldata即屬於較為普遍的鑑識軟體。（補充資料②）
3	鑑定方法的專業可靠性教育訓練	例如鑑識的過程，為了避免證物遭到污染，而使用特殊的接頭，避免因為儲存體在映射、製作另一個複本的過程中，造成數位證據原本的改變。

　　數位鑑識報告事涉專業，寫出來的報告往往難以讓法界人士理解，所以在撰寫文字方面應力求簡潔、清楚，易瞭解，許多過程性、技術性的描述可以用附件方式呈現。

其次，數位科技的不確定性很高，可能是因為竄改可能性高，所以鑑識人員難以作出確定的結論。舉個例子來說，被告電腦是否遭植入木馬程式，鑑識人員通常只能說清楚自己採行的鑑識方式，如掃毒是最基本的方式，利用此一方式，判斷系統中有無木馬程式。

但是，鑑識人員採行的方式，未必能發現所有的木馬程式，所以鑑識結果就不能肯定地說「有木馬程式」或「沒有木馬程式」；只能說「用XXX方法，有發現XXX程式」或「用XXX方法，沒有發現木馬程式」。

接著針對該木馬程式，還必須判斷其功能，但是即便知道該功能，若無其他數位證據佐證，也難以證明該木馬程式與被告犯行之關連性。

綜上，這也是數位鑑識報告常遭詬病的地方，也許要學習氣象報告以機率的方式來呈現，但是機率的呈現方式還是有問題，因為沒有客觀數字來判斷到底機率有多高。

補充資料

①測謊還必須具備「經過被測謊人的同意」的要件，但一般數位證據的取得，部分是由搜索手段所為，與測謊並不相同，因此左列表格中並未列出「經過被測謊人的同意」的要件。

《參考最高法院97年度台上字第221號刑事判決》

《最高法院90年度台上字第3969號刑事判決》

②按證人丁○○所使用之finaldata軟體，為資訊業界回復刪除檔案時使用之工具軟體，可信賴程度極高。

《臺北地方法院93年訴字第1106號刑事判決》

● 調查局資安鑑識實驗室

依據法務部調查局組織法第1條第8款規定：「電腦犯罪防制、資安鑑識及資通安全處理事項。」所以，電腦犯罪防制、資安鑑識及資通安全處理事項三項業務，屬於調查局之執掌。

調查局有鑑於數位鑑識的必要性，於民國95年12月24日正式設立「資安鑑識實驗室」，隸屬於資通安全處。該實驗室可以提供執法機關、法院、檢察署等民、刑事案件之鑑識需求，但尚未提供民眾直接聲請。

針對特定案件，若有聲請鑑識之需要，可以向檢察官或法院聲請，要求將特定數位證據，移請調查局資安鑑識實驗室或警政署刑事警察局進行鑑定。

不過，目前國內只有調查局有以「實驗室」為名的數位鑑識服務，未來相信警政署刑事警察局也將會加入這項工作，替已經吃緊的數位鑑識工作注入新血。

調查局資安鑑識實驗室除了持續與各國合作，吸取先進國家的經驗，更不定時地派員接受訓練與參與各種型態的會議，期盼在數位鑑識萌芽的階段，替我國紮下理論與實務的厚實基礎。

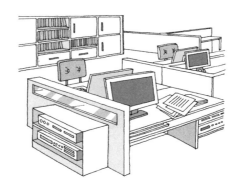

筆記

3.

數位證據之特性

● 認識數位證據之特性

　　數位證據的特性相當多，若能了解數位證據的特性，將有助於法庭攻防之進行。本書針對「易遭竄改性」、「可復原性」進行介紹，讓訴訟攻防者，能夠更加地了解數位證據，也能在法庭攻防過程中，佔取更有利的先機。

一、易遭竄改性

　　以傳統文書的竄改為例，可能必須以塗改的方式，或者是偽刻印章，來完成偽變造的行為，透過精密的分析儀器，可以發現細部的塗改行為，或者是偽刻印章與原始印章的細微差異，還是有機會找出其中的差異性。

　　數位證據因為是以0與1的方式存在，與傳統文書有所不同。複製過程相當容易，偽造、變造過程輔以一定的程式軟體，而難以發覺有偽造、變造的存在。換言之，數位證據之所以具備易遭竄改性，除代表容易竄改之意義外，從另一個角度而言，其實正表示要發現數位證據遭到偽造及變造，是相當的困難。所以發展出一套可信度的資料產生方式，就成為系統設計者要思考的一大重點。

二、復原可能性

　　媒體曾經報導，陳水扁總統即將下台之際，購買了數十台的高階碎紙機，疑似要湮滅相關貪污事證。姑且不論新聞媒體之傳聞是否屬實，但是一份文件經過碎紙機或焚燬，確實很難加以還原。

　　曾經看到一篇部落格文章，標題「舊密碼是…」，描述某公司系統設備有緊急密碼，若有狀況有使用主機之必要，可以從密碼箱中取出緊急密碼使用。但某日一位員工可能是「不可能任務」的電影看多了，居然以為緊急密碼只能用一次，使用完後，就把緊急密碼放入碎紙機銷燬了。網管人員氣得跳腳，經過眾人拼圖了半個小時後，才把原本的密碼找回來。
《資料來源：http://yaohuang.pixnet.net/blog/post/17065297》

　　數位證據也是可以刪除，只是其刪除的概念較為複雜，與一般民眾將文件丟入碎紙機、焚化爐，就可以幾乎完全刪除文件的概念，有極大的差異。

　　以Windows作業系統為例，桌面上有「垃圾桶」，許多民眾誤以為將檔案丟入垃圾桶中，就是將檔案刪除，這是錯誤的觀念！有些民眾的觀念比較正確，除了丟入垃圾桶中，還會進一步「清理資源回收筒」(如下圖)。但是，即便資源回收筒已經清理完畢後，已經刪除的檔案還是可以還原回來。

　　因為，一般人的刪除動作，在數位空間中，並不是真正的碎紙或焚燬，而只是在上頭加註一個「釋放空間」的記號，宣告這個空間可以開放給其他檔案存取。換言之，在其他檔案資料尚未取代原本佔據該空間的檔案資料時，原本的檔案資料依舊存在，可以透過特定的還原程式將之復原，如右頁之實例分享：

Windows作業系統桌面上的「垃圾桶」

案　例	實案狀況	對　策
Case 1	A網路販售違禁藥品，所有瀏覽上網紀錄，均使用特定反鑑識軟體刪除（註解①）。	執法機關透過鑑識軟體及關鍵字搜尋，在虛擬記憶體存放區中，找到大量該網站之相關資料，在未分配磁區中找到部分客戶名單與訂貨情形，足以證明使用該電腦上網者應該是該網站的管理人員。
Case 2	B透過聊天軟體販售毒品，並將聊天紀錄刪除(註解②)。	以還原軟體，找回遭到刪除的聊天紀錄。
Case 3	C將國務機要費的運用細目資料製成檔案，運用完畢後，並將檔案刪除。	透過還原軟體，找回遭刪除的檔案。
Case 4	D下載兒童色情圖片，分享給其他人後，將圖片刪除。	在列印暫存檔中，找到曾經列印兒童色情圖片的檔案。

註解：

①反鑑識(Anti-Forensic)，主要是讓鑑識人員或資安人員無法發現入侵、破壞行為，例如混淆入侵行為模式、刪除瀏覽記錄等。曾有iSec的研究人員聲稱，已經針對目前政府部門和警政單位常用的EnCase鑑識工具，進行反鑑識工具的研究，利用鑑識工具本身的軟體漏洞，將可能造成鑑識結果失效或錯誤。不過，這項研究結果，已經遭到鑑識工具廠商的駁斥。

②以行動電話簡訊、網際網路MSN即時通訊及電子郵件等方式，向加拿大地區自稱「CHIA JU HUNG」或「CR YSTAL」之成年人訂購，每次以每磅加拿大幣4400元之代價訂購大麻1磅。

《高等法院95年度上訴字第3479號刑事判決》

● 易遭竄改性

數位證據，眼睛看到的，不代表是真的。先舉二張照片，來形容竄改數位資料的情形到處可見，即便是真實性要求的國際媒體也是一樣。

一、路透社竄改照片事件

一張在2006年8月5日的圖片，顯示了以色列軍隊轟炸貝魯特之後的場景，濃濃的黑煙從貝魯特市內建築上升起。但是照片公佈後，有網友質疑這張照片是經過Photoshop修改，增加畫面上的濃煙，同時讓煙的顏色看起來更深。

檔案遭到竄改前

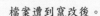

檔案遭到竄改後。

二、猶太報不報導女性

紐約猶太意第緒語Di Tzeitung周報，刊出美國總統歐巴馬與幕僚在白宮觀看獵殺賓拉丹任務的照片，將美國國務卿希拉蕊‧柯林頓和女性反恐主任托馬森從照片中刪除。該報為此道歉，表示該報從來不刊登女性照片，以配合正統猶太教讀者重視「莊重」的原則，因此修改照片。

檔案遭到竄改前

檔案遭到竄改後

延伸閱讀：臺灣板橋地方法院98年度易字第2299號刑事判決，
本書第221頁。

《　西點軍校二分鐘事件　》

　　接下來，本文將從《西點軍校二分鐘事件》為引子，來強化讀者對於數位證據易遭竄改性的基本概念。

　　話說西點軍校的學生要來台灣的陸軍官校訪問，陸軍官校的學生小毛，興奮之餘，透過MSN聊天軟體與小花聯繫，炫耀此事。小花也很高興，百般要求希望能一起出遊。待西點軍校來訪時，晚上兩校年輕學子相約前往PUB玩樂，小花也一起到場，酒酣耳熱之際，小花與某位西點軍校的學生到賓館開房間，發生了知名的二分鐘事件，也就是整個過程二分鐘就結束了。

　　不知道是什麼原因，事後小花向校方反應，認為小毛不應該像「馬伕」一樣，把台灣女子送給西點軍校學生，當成性招待物。整起事件傳到媒體耳中，引發一連串的報導。小花提出與小毛MSN聊天的內容，向媒體指控，訴說著自己的委曲。

　　最後，在媒體報導極為誇張的時候，小毛覺得整起事件遭到扭曲，也拿出當初聊天的紀錄，指出小花曾經表示「姊姊餓很久了」等說法，MSN的聊天紀錄也有記錄下來，認為小花是自己想要與西點軍校學生發生關係。

　　本書並不知道這起事件誰對誰錯，也不是要討論的重點。這起事件有趣點在於，小毛與小花的聊天紀錄應該是相同且相對應的內容，為何會因為不同的人提出，而有不同的解讀結果呢？

　　MSN聊天紀錄或其他數位證據，有沒有可能遭到竄改？

　　竄改後，可不可能發現？

MSN聊天紀錄可以竄改嗎？

本書將模擬如何將MSN聊天紀錄修改：

《步驟一》

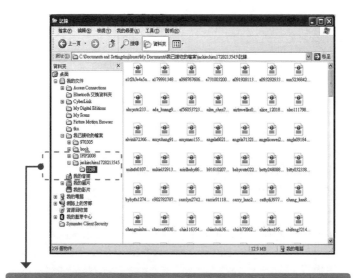

步驟一：找到MSN的聊天紀錄

MSN必須設定成有留下聊天紀錄，才會有聊天紀錄的內容檔案。如果有留下聊天紀錄，預設的存取資料夾在上方圖片顯示的位置。

* MSN現已不存在，但類似的聊天軟體也有可能發生紀錄遭竄改之可能。

　　前頁圖中，每一個檔案代表與一位MSN網友的聊天紀錄，用滑鼠雙點擊後就可打開檔案，MSN的檔案格式為xml，可用瀏覽器打開。以下為本書作者使用jackiechien@hotmail.com帳號與某位友人的聊天紀錄，MSN紀錄的內容中並不是顯示帳號，而是顯示收訊者當時的暱稱「香港股市跌1914點，日本跌742點」，暱稱可以隨時變更。

　　在進行步驟二之前，必須先瞭解檔案的時間，剛剛看到的每一個檔案，先以滑鼠輕點左鍵一下選取後，按下右鍵，點選內容，即可看到檔案的資訊。

日期	時間	傳訊者	收訊者	訊息
2008/1/22	下午 08:01:51	yunju (mandy)	香港股市跌1914點，日本跌742點	學長
2008/1/22	下午 08:01:57	香港股市跌1914點，日本跌742點	yunju (mandy)	哈
2008/1/22	下午 08:01:57	yunju (mandy)	香港股市跌1914點，日本跌742	你能來我們社上演講嗎
2008/1/22	下午 08:02:07	yunju (mandy)	香港股市跌1914點，日本跌742	講一些智慧型產權的東西
2008/1/22	下午 08:02:13	香港股市跌1914點，日本跌742點	yunju (mandy)	社上喔？智慧財產權喔
2008/1/22	下午 08:02:20	香港股市跌1914點，日本跌742點	yunju (mandy)	呵呵！那你請就好啦
2008/1/22	下午 08:02			我是社友
2008/1/22	下午 08:02			下能講
2008/1/22	下午 08:0			我不是去班門弄斧
2008/1/22	下午 08:0			沒有這種規定喔
2008/1/22	下午 08:0			叫你這個大人物才能說
2008/1/22	下午 08:0		本跌742點	不是又要到另一個陣士了嗎
2008/1/22	下午 08:03:03	yunju (mandy)	香港股市跌1914點，日本跌742點	恭喜阿
2008/1/22	下午 08:03:19	香港股市跌1914點，日本跌742點	yunju (mandy)	還有一些行政程序啦
2008/1/22	下午 08:03:22	yunju (mandy)	香港股市跌1914點，日本跌742點	你來演講我可以當你的助理
2008/1/22	下午 08:03:23	香港股市跌1914點，日本跌742點	yunju (mandy)	畢業證書還沒拿到
2008/1/22	下午 08:03:31	香港股市跌1914點，日本	yunju (mandy)	要不然請資訊安全好了

聊天的暱稱為「香港股市跌1914點，日本跌742點」；帳號為jackiechien@hotmail.com

依左至右，聊天紀錄可以顯示日期、時間、傳訊者、收訊者、訊息等內容。
傳訊者或收訊者的暱稱可以隨時修改，所以顯示出來的暱稱與帳號並沒有關聯性，但仍然可以從紀錄檔名稱得知另一方的身分。

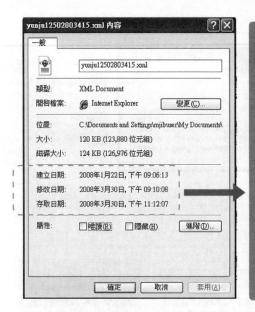

要特別說明時間的部份，一般而言都會看到建立日期、修改日期及存取日期。

建立日期：檔案建立的時間。

修改日期：如果檔案有修正的時候，時間就會產生變動。所以，理論上修改日期應該會在建立日期之後。

存取日期：只要有打開檔案，存取日期就會變動，但不代表有修改，理論上也應該會在建立日期之後。

《步驟二》

以MSN聊天紀錄為例，用記事本（Notepad）軟體即可開啟，也可以輕易地修改。

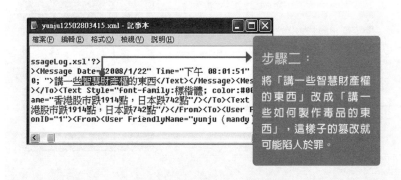

步驟二：

將「講一些智慧財產權的東西」改成「講一些如何製作毒品的東西」，這樣子的篡改就可能陷人於罪。

檔案內容已經改了，然後再存檔。

「講一些智慧財產權的東西」已經改成「講一些如何製作毒品的東西」，這樣子的篡改就可能陷人於罪。

檔案內容改了之後，會導致「修改日期」遭到更動。原本是3月9日下午11點45分53秒，修改內容後，變成3月30日下午9點10分08秒。

精明的律師應該可以發現檔案的時間與MSN對話的內容，時間不相符合，有被篡改的可能性。

《步驟三》

竄改MSN聊天內容後，為了避免「修改日期」也變更，導致司法警察、律師或其他人發現，可以藉由簡單的小程式，再把「修改日期」的時間修正回來。

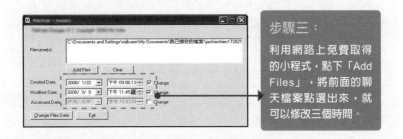

步驟三：

利用網路上免費取得的小程式，點下「Add Files」，將前面的聊天檔案點選出來，就可以修改三個時間。

● **面對數位證據的思考角度**

當他造當事人提出數位證據時，律師該如何思考？

從上面的案例，可瞭解數位證據具備易遭竄改之特性。如果數位證據遭到竄改，將會影響到數位證據「真實性」，牽涉到證據能力（證據資格）的問題，律師得審視客觀事證，主張該數位證據欠缺證據能力。

實務上，曾有當事人證稱：「以任何方式都沒有辦法在事後以人為方式更動刪除的時間，所以電腦所記錄的時間絕對不會有錯。」(參考臺北地方法院93年訴字第1106號刑事判決)似乎與本文的模擬測試案例相違背，因為透過前述的小軟體，就可以將已經變動的修改時間，改回原本的時間。但是在該案中，法院採信當事人之見解，並引之為判決基礎。

> **延伸閱讀** 《數位證據之真實性》，本書第70～93頁。

● 是否能證明檔案時間遭到竄改呢？

基本上檔案還有metadata的時間，可以互相比對檔案時間的正確性，但有關metadata的時間是非常複雜的一項專業知識，若對於時間上有比對的問題，最好尋求專業人士的支援。

其次，還可以透過registry的掃描程式，搜尋特定電腦設備中，有沒有使用過特定修改時間的軟體，但是即便找到這樣子的軟體，也並不能直接證明是有更改過特定檔案的時間，兩者難以建立直接的關聯性。只能說可以輔助其他證據，來尋求證明該時間是否可信賴。

因此，原則上，數位證據不宜作為犯罪唯一的證據。除了數位證據之外，為證明客觀事實的發生，還必須要參酌其他環境證據，來補強數位證據之不足。以檢察官起訴當事人為例，如果相關證據只有數位證據，被告爭執數位證據因為具備有易遭竄改性，不具備可信性，不宜單憑境數位證據而作為認定有罪之基礎。

目前實務上在準備程序中，律師大都會在準備程序中，以「數位證據易遭竄改」為理由，提出及爭取法院認定為無證據能力，而將數位證據加以排除。

● 相關法院見解

許多案件中，當事人均提出對於電子郵件是否遭到竄改的質疑，法院也有不同的見解，茲舉相關案例如右表：

判決內容	判決字號	本書見解
法院認定 上述往來電子郵件上均無任何公司或個人之蓋章或簽名，復均未經任何認證，不能證明為A公司或甲所出具；況所載內容既為本件案發後之事，與本件被告是否於和告訴人訂約交涉過程為詐欺犯行無關，無證據能力。	臺北地方法院96年度易字第381號刑事判決	電子郵件簽章或認證，應該是指電子簽章法的電子簽章。 可分析相關資料，如信件內容、寄件來源IP等，判斷可能的製作人。
被告質疑 丁證稱其並不確定電子郵件是否係從其電子郵件信箱中直接列印等語，而該頁之電子郵件亦未經郵件空間提供者乙驗明，則該郵件是否為真實，或已經竄改、增刪，顯有疑問，自不能僅憑真實性並不確定之電子郵件影本即論斷該郵件係由被告所發。 法院認定 上揭電子郵件係自證人丁電子郵件信箱列印，再交予證人即告訴人甲、乙提出告訴，且其等對該郵件均未為增刪修改等情，業據其等於93年4月13日本院審理時分別具結述明確，證人同日並證稱卷內所附之電子郵件均為原本無訛，從而，被告空言指摘該電子郵件可能經竄改而無證據能力云云，殊嫌無據。	臺北地方法院92年度易字第1411號刑事判決	法院的見解，似乎是只要證人具結述明確，電子郵件就不可能遭到竄改。 被告的待遇則不同，必須另外提出事證，證明電子郵件遭到竄改的可能性。 但是，若被告與電子郵件的系統欠缺「鄰接性」，難以證明之；反而是告訴人及證人與電子郵件系統較為接近，舉證責任應該由其證明該郵件的真實性。
被告質疑 甲公司專用工作站電腦資料檢視備忘錄、電腦歷程資料影本無證據能力。 法院認定 刑事訴訟法第159條之4第2款及第3款規定「除顯有不可信之情況外，從事業務之人於業務上或通常業務過程所須製作之紀錄文書、證明文書；除前2款之情形外，其他於可信之特別情況下所製作之文書，亦得為證據」，工作站電腦資料檢視備忘錄電腦歷程資料，係連續性由機器所製作之文書，如同銀行提存款紀錄無從增刪，自得為本案之證據。	臺北地方法院92年度訴字第2083號刑事判決	似乎是認為「電腦資料檢視備忘錄」、「電腦歷程資料影本」屬於傳聞證據，而有傳聞證據例外規定之適用。 其次，對於「連續性由機器所製作之文書」，認為「無從增刪」，而具有可信之情況。

● 可復原性

一、從電池環保回收案談起

台北市政府曾舉辦電池回收活動，該活動承辦廠商必須募集101台筆記型電腦，作為參加活動民眾之抽獎贈品。然而，該承辦廠商募集贈品的能力有限，僅募得3台電腦。承辦廠商擔心損失過重，居然突發奇想，將得獎者姓名竄改，改成形式上一樣有101個得獎名單，但是實際上98個名字是假的。

這起案件是怎麼爆發的呢？

還是要感謝台灣人民的特殊民族性，只要有抽獎活動，就會有些民眾到場觀禮，因為有些民眾發現明明自己有抽到獎，但是得獎名單上面卻沒有自己的名字，逐向司法機關提出檢舉。

經檢方搜索承辦廠商，並扣得電腦主機乙台，委請鑑識公司進行分析，救回遭刪除的原始檔案，比對名單後發現遭到竄改，相關人等竄改電磁紀錄之犯行逐遭法院判刑。

《參考判決：臺灣高等法院94年度上訴字第1011號刑事判決》

二、什麼是可復原性？

一般人的觀念中，將電磁紀錄刪除後，表面上看不到，就應該是不存在了。這個觀念在陳冠希事件中被徹底打破，因為傳聞陳冠希慾照外流的原因，是修電腦設備時，已經遭到刪除的慾照，遭不明人士還原後加以散佈。本書對於惡意散佈者取得照片的原因，是否係以還原刪除照片檔案為手段，持保留的態度。蓋因，擁有這類型照片的男性，除非另有備份，否則應該不太可能捨得刪除之。無論事實發生的真實原因為何，數位資料遭到刪除後，確實是有機會可以將之還原回來。

【三一九槍擊案】（模擬）

　　假想三一九槍擊案事件，實際槍擊者小毛將當初暗殺扁呂二人的原因，寫在kill.doc的檔案之中。但是因為案件過於矚目，為避免檢警循線逮到自己，此一檔案會成為呈堂證供，遂將該檔案刪除。檢警循線追查到小毛之後，查扣電腦主機乙台，經過鑑識程序之後，使用FinalData軟體，發現遭刪除的檔案，並將之還原，佐以其他犯罪事證，順利將小毛繩之以法。

　　下圖為利用FinalData軟體將小毛電腦中的檔案還原的畫面：

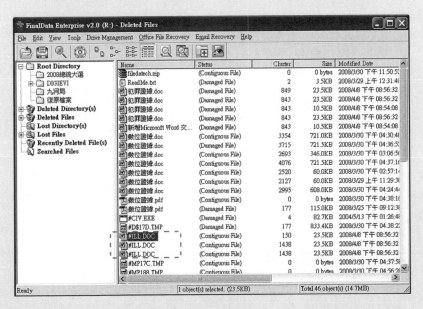

三、為什麼刪除的檔案可以還原？

基本上檔案遭刪除後，並不是真的遭到刪除。實際上只是將檔案所佔的空間加上一個註記，表示這個檔案所佔的空間，可以開放給其他的數位資料存放；因此，在還沒有其他資料存入前，遭刪除的檔案還是存在，只要使用特殊的還原軟體，即可以將刪除的檔案還原。

(1) Q：**檔案丟到資源回收筒並刪除，可以還原嗎**？

    A：檔案可以還原的情況，常見者有二，第一種是將檔案丟至資源回收筒，再進一步刪除，透過類似於FinalData的檔案還原軟體，還是可以將遭刪除的檔案加以還原。

將檔案刪除後，會存放在資源回收筒。
如左圖，即使將資源回收筒的檔案進行刪除，檔案依然存在。
透過類似於FinalData的檔案還原軟體，還是可以將遭刪除的檔案加以還原。

(2) Q：**郵件刪除後，可以還原嗎？**

A：第二種是，使用郵件軟體，將信件丟至刪除的郵件後，再進一步刪除，透過類似於FinalData的檔案還原軟體，還是可以將遭刪除的郵件加以還原。

上圖為常見的Outlook Express，將信件刪除後，會存放在「刪除的郵件」夾中。
如左圖，即使將「刪除的郵件」夾中的信件進行刪除，信件依然存在。
透過類似於FinalData的檔案還原軟體，還是可以將遭刪除的郵件加以還原。

四、格式化的磁碟，檔案是否仍然存在？

簡單的格式化，可以點選所要格式化的磁碟，按下右鍵，表單中即有「格式化」的選項。

點選「格式化」的選項後，即可進行右圖中的格式化動作。

　　微軟系統的格式化，提供「一般格式化」與「快速格式化」兩種。

　　快速格式化，是將磁碟的檔案標籤去除掉；一般格式化，則是除了拿掉磁碟的標籤之外，並且將空間標示成為可覆蓋的區域。

　　換言之，即便是一般格式化，在新資料還沒有存取至磁碟時，原有的資料依然存在，只要使用特殊軟體，就能看到資料內容。因此，一般人容易誤以為只要磁碟做過格式化，整個磁碟就乾淨無物，這一個觀念是錯誤的。

五、企業的思考點

　　舉一個例子，假設一家企業要將過時但堪用的硬碟賣出，或者是有人想要把黑莓機的商用手機出售，但是卻擔心硬碟上的商業機密資料外洩，該怎麼辦？

　　千萬別以為將磁碟格式化，就誤認為資料皆已刪除。這樣子的舉動將危害企業商業機密資料之保障。建議可以使用Wipe Disk類型功能的軟體，藉由寫入0或亂數的方式進行覆蓋，將可以避免有心人士利用專業還原軟體，救回系統內部資料。

可以在網路上找尋左圖軟體或其它具備類似功能的軟體。Rodakil's DiskWipe下載網址為：http://www.roadkil.net/

六、律師的思考點

當客戶所屬的公司機密資料遭到刪除，詢問律師時，該如何處理？

此時，律師必須有的基本觀念是資料遭到刪除後，有機會可以還原。若有企業不知道數位資料可以還原者，說不定還因此協助企業救回失去的資料。參考下列步驟，進行資料回復與相關事證蒐集工作：

步驟一	
稽核紀錄檔 （log files）	可以要求公司的資訊人員提供電腦稽核紀錄檔，追查遭刪除的原因，以保全相關事證。尤其是數位證據有時候稍縱即逝，蒐集事證應盡快處理。 另外，應該請公司的資訊人員提供電腦稽核紀錄檔（log files）的相關管理政策，以作為證明數位證據真實性的基礎，以確保法庭證據能力之要求。

步驟二	
資料還原	律師不必了解還原的技術，可以委請鑑識專家進行數位鑑識，除了可以達到證據保全的目的，還同時可將資料加以還原。但是因為國內專家較缺乏，有時候資料還原的程序是經由資訊人員為之，非專業中立之鑑識人員，則必須要特別注意下列事項： 1.還原的過程應該要全程錄影。 2.還原的流程應該要加以記錄。包括操作人員、操作時間、使用何種還原軟體、還原標的、還原步驟、還原結果等內容。

七、相關實務判決

當事人辯解：

…原確定判決並未斟酌88年8月24日不預警搜索聯華電信公司內所有電腦時，並無查獲任何電腦程式、或俗稱之自動撥號器、任何可疑之電腦或電腦檔案有被Delete刪除之痕跡，根本無刑法360條「無故以電腦程式或其他電磁方式」之構成要件，也未提出說明…

最高法院見解：

犯罪之工具有無被查獲，與行為人有無為犯罪之行為，屬不同層次之問題，兩者間並無必然之關聯；亦即尚難以犯罪之工具未被查獲，即遽予推定行為人未曾為犯罪行為。

《高等法院刑事96年聲再字第170號裁定》

本書見解：

前述被告律師的主張，應該是指電腦中無法還原出任何遭刪除的檔案，或者是還原出來的檔案並無與本案關聯的攻擊程式，所以推導出沒有刑法第360條干擾電腦系統罪之「干擾」的行為。

法院認為沒有查獲犯罪工具，不代表被告沒有為犯罪的行為。以本案為例，也許其曾經將該攻擊程式刪除，結果該攻擊程式原本所存在的空間，又被其他新增的檔案所覆蓋，導致還原過程中無法出現該程式。因此，並不能因為無法還原出任何遭刪除的檔案，就推演出並無與本案關聯的攻擊程式。而且，說不定干擾行為是以指令為之，而非以程式執行，法院之見解尚屬合理。

4.

數位證據之真實性

● 證據能力與證據證明力

　　證據能力，有稱之為證據資格。學者有認為是具有嚴格的證明資料之能力，亦即證據適格性，有認為是指該證據得提出於未來公判程序中之證據，亦即該證據得用以作為合法證據調查程序中之資料能力而言。換言之，證據能力是指得成為證明犯罪事實存在與否之證據資格，亦即藉由偵查所得之證據得成為證據資格者謂之。

　　具備證據能力之證據，方得作為證明事實的前提基礎。我國刑訴法第273條第2項規定：「法院依本法之規定認定無證據能力者，該證據不得於審判期日主張之。」同法第155條第2項規定：「無證據能力、未經合法調查之證據，不得作為判斷之依據。」例如，應排除之非供述證據、非任性之自白或傳聞證據等，其他如法條中有謂「不得作為證據」之證據，亦屬無證據能力之證據。

　　有關證據能力之範圍，不外乎圍繞在關聯性、真實性、任意性、傳聞法則等項目之檢驗，無法通過此類檢驗之過程，則當然無法成為認事用法之依據。以被告自白為例，若對供述之任意性存有懷疑時（如被刑求），則不得將其作為證據加以採用。換言之，傳聞證據、真實性等屬於證據能力探討之一環。數位證據中，與證據能力較為有關，當屬傳聞證據、真實性二者，也是本書的探討重點之一。

延伸閱讀　《真實性》，本書第74～79頁。
　　　　　《電腦稽核紀錄檔與傳聞證據》，本書第189～196頁。

　　數位證據與其它證據一樣，自然亦須通過證據能力之檢驗，透過法院證據調查之程序，決定是否具備證據能力。諸如數位證據形式上有些包括人的陳述，有些則未包括人的陳述，是否必須適用傳聞法則之檢驗？從美國與我國實務上發生的案例見解紛亂，例如電子郵件是否屬於傳聞證據，在證據能力之驗證過程中，就是一個非常值得探討之重點。

　　其次，由於數位資料具有易遭竄改性及製作人不易確定之特性，對於此種新興科技證據之真實性該如何證明，此一真實性之舉證責任應由何人提出？因學說對於證據能力之內涵仍有不同之見解。

　　本書將陸續針對證據能力中有關傳聞法則、真實性之部分進行探討，希望能協助讀者相關概念的釐清與確立，有利於法庭攻防之進行。

● **先講求不傷身體，再講求療效**

　　對於非法律系的讀者而言，很難理解證據能力與證據證明力的觀念。簡單來說，這個證據必須是真實的、沒有被竄改，也不是嚴重違反訴訟程序所取得的證據，法院才願意認定該證據有證據能力。

　　此一階段稱之為證據能力階段，例如並未經過刑求所取得被告的供詞。可以想像成廣告台詞之「先講求不傷身體」階段。

　　接著，法院才會進一步判斷這個證據到底可以證明什麼內容，例如被告自白殺了人，所以可以證明其該當殺人罪之要件。可以想像成廣告台詞之「再講求療效」。

● 形式與實質證據力

民事訴訟程序中，並非使用證據能力與證據證明力之名稱，而是採用形式上證據力與實質上證據力。文書之證據，有形式上證據力與實質上證據力之分，文書真正者，謂該文書之作成名義人，確曾為文書內所記載之表示或報告，是為有形式上證據力，又稱文書成立之真正。必有形式上證據力之文書，始有證據價值之可言。文書之內容與應證事實有關，足資證明某項事實者，始為有實質上之證據。

在先後順序上，必須具備形式證據力後，始能進而為實質證據力之判斷。私文書之部分，「當事人提出之私文書必先證其真正，始有形式上之證據力，更須其內容與待證事實有關，且屬可信者，始有實質上之證據力。」（註解①）

數位證據要能成為證據資料時，首先必須證明其「真實性」。「當事人提出之私文書必須真正而無瑕疵者始有訴訟法之形式證據力，此形式的證據力具備後，法院就其中之記載調查其是否與系爭事項有關，始有實質的證據力可言。」（註解②）

註解：

① 《最高法院22年上字第2536號判例》
② 《最高法院41年台上字第971號判例》

【實務見解】

　　上訴人既謂「被上訴人擅以外國總公司之信函（即上述電子郵件），擴大解讀渲染成催促、責問等負面辭句，造成伊不適任之假象」，益可認其未否認該電子郵件形式之真正。

《最高法院94年度台上字第1762號民事判決》

　　文書有無實質上之證據力，則屬於後階段之工作。仍應由事實審法院，按辯論之結果，本於經驗法則依自由心證判斷之，並將得心證之理由，記明於判決。如文書之內容足資證明某事實者，為具有實質之證據力，亦即依文書之記載，足以證明應證事實之有無者，法院即應認該文書有某實質的證據力。如法院認為對於他造提出之電子郵件，表示「其內容多係被上訴人杜撰」等語，係就上開文書實質證據力為爭執，而非否認其文書形式證據力。

● **真實性**

一、認識真實性

　　所謂真實性之概念，主要是探討數位資料必須非屬偽冒造假之情形，而具有一定之可信程度。從前文《數位證據之特性─易遭竄改性》之討論，即可窺之一二。法庭中，實不能容許偽變造、欠缺真實性之證據作為認定事實、適用法律之依據。

　　針對最常見的電子郵件數位資料，法院對於欠缺安全性、鑑別機制之電子郵件，居然不太探究其真實性，更有甚者，對於電子郵件的印出物，也是未稍加調查，即斷然認定其真實性，導致容易產生做出錯誤之見解。

　　然而，質疑數位證據之真實性，並非認為數位證據即不能作為證據，也不是建立一個過高之真實性標準，而是應該建立一定符合現在科技水平之判斷標準，讓不具可靠性之電子郵件等數位證據，能夠依循此一標準，成為法院判決之依據。

　　本文認為當數位資料之真實性遭質疑時，法院可以參酌數位證據採證之程序、採證人員之資格、電腦儲存與印出設備之可靠性，輔以專家證人之證詞及環境證據加以佐證，作為判斷是否具備真實性之依據。

　　刑事案件中，數位證據之真實性議題，屬於認定證據能力階段中討論（民事案件為形式證明力），與證據證明力階層（民事案件為實質證明力）所探討證據與事實相符之程度，兩者實有所不同。

　　比較白話一點的說法，數位證據是真的，再去討論是不是跟本案有關係。

二、一般案件的真實性要件

先舉幾個一般未涉及數位證據的案件中，有提到真實性用詞的判決見解：

判決字號	判決內容
最高法院102年度台上字第3009號刑事判決	然而證人陳述前後不符或相互間有歧異時，究竟何者為可採，事實審法院可本於經驗或論理法則，斟酌其他情形，作合理比較，定其取捨；若其基本事實之陳述與真實性無礙時，即得予以採信。
最高法院97年度台上字第4786號刑事判決	命其具結，使告訴人知悉其有據實陳述之義務，以擔保其證言之真實性。
最高法院97年度台上字第4761號刑事判決	刑事訴訟法第165條第1項規定：「卷宗內之筆錄及其他文書可為證據者，審判長應向當事人、代理人、辯護人或輔佐人宣讀或告以要旨」，該規定本旨，乃基於直接審理原則，使當事人等均能於審判期日調查證據程序進行時，知悉書證之內容，用以擔保各該證據資料之真實性。
最高法院97年度台上字第4420號刑事判決	刑事訴訟法採證據裁判主義，揭櫫對於事實之認定，皆應依憑合法之積極證據（包括直接及間接之積極證據）予以證明，無證據不得認定犯罪事實；復就證據能力適格與否，設有諸多規定，以保障認定事實之真實性及確保認定事實之正當性，用為正確裁判。
最高法院95年度台上字第2725號刑事判決	證人於警詢時之錄音並不完整，仍有瑕疵，其真實性值得懷疑。

三、數位證據的真實性

以下這個案例，是最高法院對於電腦會計帳冊的備份資料，列印之後是否具備真實性，所做的判決內容。（最高法院97年度台上字4646號刑事判決）

主要爭論重點，在於會計帳冊的備份資料是否遵循「商業使用電子方式處理會計資料辦法」所規範的程序？列印人如何取得備份資料？該備份資料與原始資料是否正確無誤？以決定備份資料列印後有沒有證據能力。

爭　點	判　決　內　容
真實性是證據能力還是證據證明力之探討事項？	證據之證明力，雖由法院本於確信自由判斷，然證據本身之真實性如有疑義，則在該證據是否真實未能究明以前，遽採為認定犯罪事實之判斷依據，即難謂為適法。
評論：	法院似乎認為真實性是證據能力階層所探討。
認定被告犯行是依據A公司的帳冊。	原判決認定被告(上訴人)甲君有以明知為不實之事項，而填製會計憑證及記入帳冊等犯行，係依憑A公司之日記帳、轉帳傳票，為其認定之依據。
甲君辯解：A公司的原始帳冊已不存在	然查原判決所引用之上開日記帳及轉帳傳票，並非A公司所保留之原本或影本，而係乙男由其保存之備份磁片列印後，附隨於答辯狀提出於原審法院之訴訟資料。 證人丙亦證稱：A公司原始會計憑證、帳冊已遭銷燬，只有備份磁片列印出之日記帳等語。 甲君於原審即據此質疑上述日記帳、轉帳傳票之證據能力及正確性。

爭　點	判　決　內　容
法院也質疑非原始資料	按上述日記帳、轉帳傳票並非原始資料，而係由乙男持有之備份磁片列印而來，則乙男係如何持有該備份磁片？該備份磁片係由何人拷貝製作？A公司之原始日記帳及轉帳傳票係以何種方式製作？是否依照經濟部訂定之「商業使用電子方式處理會計資料辦法」處理會計資料？如是，則乙男持有之磁片是否即為存放會計資料之資料儲存媒體？抑或係備份資料？此均與上述日記帳、轉帳傳票列印資料真實與否之判斷有關。 又依乙男及丙男所陳，A公司亦保有備份之磁片，則亦可由A公司持有備份磁片與卷附日記帳、轉帳傳票相互比對其內容是否相符，藉以判斷是否與原始會計資料相符，而得採為判斷依據。乃原判決均未予以調查釐清，亦未於理由內就上述日記帳、轉帳傳票之證據能力及證明力予以論述，邃行判決，自有可議。

本書見解

　　基本上，最高法院之見解與本書接近。存取數位資料也要遵循一定之基本程序，也就是需查明A公司有無遵循「商業使用電子方式處理會計資料辦法」處理會計資料。請參照下文《真實性判斷的具體標準》中，美國法律報告(The American Law Reports)所提出之九項具體標準。

　　另外，最高法院除提及真實之問題，針對A公司所提之資料非原始資料，也涉及本書的最佳證據法則，請參照本書第108～123頁。

四、真實性判斷的具體標準

我國有關真實性的具體判斷標準還有些混亂，與在此一領域較為先驅的美國實務相比較，仍難免有寬嚴不一的窘境。由於各法院之標準迥異，美國法律報告(The American Law Reports)提出數位資料真實性之標準，並提出九項具體要求，如資料可靠性、資料保存或存取方式等，作為法院審理之參考：

編號	具體內容	說　明
1	電腦設備保存紀錄與提出列印物之可靠性	the reliability of the computer equipment used to keep the records and produce the printout
2	基本資料最初存取於電腦紀錄保存系統之方式	the manner in which the basic data was initially entered into the computerized record-keeping system
3	一般商業日常運作模式之資料輸入方式	the entrance of the data in the regular course of business
4	瞭解事件人員所做的事件記錄後，合理時間內資料之輸入方式	the entrance of the data within a reasonable time after the events recorded by persons having personal knowledge of the events
5	確保資料輸入正確性之機制	the measures taken to insure the accuracy of the data as entered

編號	具體內容	說　明
6	資料儲存的方法及避免在儲存過程中發生遺失之預警方式	the method of storing the data and the precautions taken to prevent its loss while in storage
7	電腦程式處理資料之可靠性（註解①）	the reliability of the computer programs used to process the data
8	認證程式精確性之機制	the measures taken to verify the accuracy of the programs
9	印出物準備的時間與方式	the time and mode of preparation of the printout

《http://en.wikipedia.org/wiki/Digital_evidence》

註解：……………………………………………………………………

①一則報導「電腦抓藥，1千包錯3.7包」指出，台中榮總進行一項研究，針對台中榮總三台電腦自動配方機進行分析，並提出「電腦自動配方系統配藥異常率」研究報告，在2003年3月10日至24日，配給住院病人單一劑量研究發現，電腦自動配方機每配藥1,000包，就有4.4包異常，其中3.7包爲配藥錯誤，其次依序是「藥品破損」、「鋁箔殘留」等問題。

《聯合報95年12月17日A6版》

● 數位證據具備完整性嗎？

一、實案追緝—政治打壓抗辯

　　甲君曾經貴為國家總統，因貪污案被檢方執行搜索，扣得電腦證物一批，經鑑識後在電腦中發現收賄明細表乙份，遭檢察官起訴。

　　法官審理時，甲君不認罪，並辯稱都是現任總統的政治打壓，利用掌握行政的優勢，要求數位鑑識人員在扣得電腦中，存入收賄明細表，該表並非他所為。

　　以下讓我們看一下法庭中的攻防對話：

法　官：檢察官，你如何認定甲君犯了貪污罪？

檢察官：我們在甲君家中搜到「收賄明細表」，可茲證明甲君
　　　　有收賄的行為。

法　官：甲君，你如何解釋？

甲　君：我沒有在電腦中撰寫過「收賄明細表」，一定是檢調
　　　　人員栽贓，扣押電腦後，把不是我的檔案放入我的電
　　　　腦中。

法　官：這個部份請調查局鑑識實驗室的人員乙君說明一下。

乙　君：不可能有栽贓的情況。因為該電腦硬碟取回後，立即
　　　　建立備份檔，並製作「硬碟原本」與「備份檔」的
　　　　「雜湊值」，再針對備份檔進行鑑識。只要兩個雜湊
　　　　值一樣，就代表硬碟備份與硬碟原本是一樣的，怎麼
　　　　可能有栽贓？

法　官：解釋的很好，那⋯什麼是雜湊值？

二、HASH雜湊值

為了確保原始數位證據及鑑識映像檔間的相同性，通常會進行MD5雜湊運算處理，建立HASH雜湊值，以驗證確認資料之同一性。

所謂MD5，是一種常見的加密演算法，可以將任何的字串轉換成為固定長度為128位元的HASH雜湊值。因為總共有2^80的可能性，所以不同的數位資料，發生同樣數值的可能性相當低，低到可以忽略其可能性。換言之，如果有兩個數位證據所產生的HASH雜湊值相同，可以推論出兩者是相同的內容。但是MD5的方式只是一種驗證方式的選項，還是有其它方式可以達到相同的驗證效果。

■ 可至：《http://download.microsoft.com/》下載MD5指紋碼驗證程式 windows-kb841290-x86-enu.exe，來瞭解HASH雜湊值的概念。

三、律師思考點

律師可以檢視鑑識報告，是否有透過HASH值或其他科技措施，證明原始數位證據及檢驗分析的數位證據兩者相同。如果沒有，此份鑑識報告的可信度將降低，也可以對此提出質疑。但是，沒有經前開驗證程序所為之數位證據，並非不具備可信度，而不得作為證據，只是欠缺一種機制作為驗證數位證據可信度之基礎。

● HASH值驗證的數位證據

一、Hash值之基本概念

　　相同的字串會計算出相同的**Hash**，而不同的字串計算出相同的**Hash**值機率相當低，低到可以忽略其存在。所以，如果計算結果是兩個**Hash**值不同的字串，就代表這兩個字串是不相同。**Hash**值可以運用到各種層面，例如從網路上下載檔案，為了避免有不法份子修改檔案，在檔案中加入惡意程式，檔案提供者還會公佈該檔案的**Hash**值，下載後再計算下載結果的**Hash**值，兩者比對之後，就知道是否下載的檔案跟原始提供的檔案是否相同了。

　　同樣地，也可以應用在數位證據與電腦鑑識的領域中，許多電腦鑑識的過程中，為了避免破壞原本，必須將原本製作一個複本，再針對複本進行電腦鑑識的程序，而製作完複本後，還要利用**Hash**值來驗證兩者是相同的。

二、實務操作

參考網址：http://www.miraclesalad.com/webtools/md5.php

　　這一個網頁可以參考一下。在網頁最下方String:，可以輸入一些字串，然後按下"MD5"的按鈕，就可以出現一個**Hash**值。例如：

字　串	Hash 值
台灣	dbd1746e097d3fa18e1c3130823c7156
台　灣	9ebd726abd3ceb600527f9a9

　　只差一個空格，HASH值就不一樣了：。透過這樣子的機制，來驗證兩個檔案是否相同。

三、HASH值驗證的意義

前文有介紹HASH值，有HASH值驗證的證據，一定是真的嗎？

答案是不一定。

在法庭上會呈現的許多數位證據，律師可以質疑這些數位證據是真的，還是假的，鑑識專家會舉證數位證據有經過HASH值的驗證，所以數位證據並未竄改過。

這樣子的回答，用詞上並不是那麼的清楚，應該要釐清的是，HASH值的驗證目的，是確保鑑識階段，鑑識人員經手過程未遭竄改。但是，並沒有辦法確保採證之前，這個數位證據是真的還是假的？

先舉個簡單的例子，吸毒者要驗尿，司法警察蒐集完尿液後，移送調查局進行鑑識，判別尿液中是否有毒品的反應。吸毒者吸毒時，將導致尿液有毒品的反應，原本產生的證據應該是A，但是在警局廁所解尿的過程中，趁司法警察不備之際，偷偷打開水龍頭以自來水混充之，使得原本應該呈現的證據A，變成了非尿液的證據B。所以，調查局第六處的鑑識人員，檢驗出的「尿液B」是沒有毒品反應。這樣子的結果，並不是因為鑑識人員在鑑識過程中做了手腳，而是早在蒐集尿液的過程中就出了問題。所以，鑑識開始的時間點之後，並沒有問題，問題是出在鑑識開始的時間點之前。

如果是針對鑑識過程階段的真假提出質疑，應該是質疑鑑識過程是否有舞弊情事發生，例如鑑識人員為了陷人於罪，在尿液中偷偷地加入毒品。如果是針對採集尿液階段的真假提出質疑，可能就要回溯到被檢驗者是否有掉包的行為。

同樣地情況也發生在數位證據。

在刑事案件中，大都由司法警察採證後，移請檢察官調查，最後再由檢察官依據犯罪相關事證，決定是否起訴。司法警察蒐集數位證據時，有責任確保數位證據從採集之時間點，到呈現法庭的過程中，並沒有遭到竄改，HASH值驗證就是方法之一。但是，在蒐集數位證據前，到底有沒有人為變造這些數位證據，則不得而知。

因此，律師面對數位證據真偽的議題，實際上應該要分成兩個部份來討論。

1	採證鑑識之前	與事實有關的證據，是否一開始就是假的。
2	採證鑑識開始至法庭呈現前	與事實有關的證據，有無在採證、鑑識過程中遭到不當的破壞（註解①）。

註解：

①第二個部份，鑑識人員在採證後，準備對證物進行鑑識時，原則上應會保留原始的數位證據，並儘量製作一份至兩份鑑識映像檔（forensic image）的程序，以避免鑑識過程導致證物原本損壞的風險。鑑識人員針對映像檔進行分析檢驗，並不會使用到原本，最後將鑑識所得結果撰寫成一份鑑識報告，作爲法院審理案件之參考。

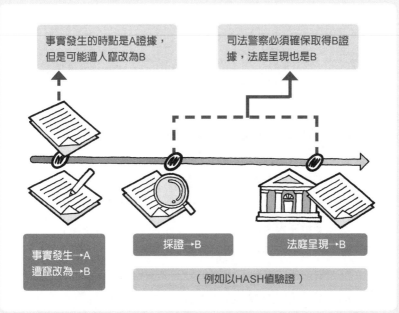

事實發生的時點是A證據，但是可能遭人竄改為B

司法警察必須確保取得B證據，法庭呈現也是B

事實發生→A
遭竄改為 →B

採證→B

法庭呈現→B

（例如以HASH值驗證）

【實案追緝：駁回返還扣押物案】

　　某甲的電磁紀錄遭到扣押，並且經調查局電腦鑑識人員予以恢復留存，某甲向法院聲請希望法院返還扣押的電磁紀錄。

　　法院見解：此等電磁紀錄雖有部分業經調查局電腦鑑識人員予以恢復留存，但是該等電磁紀錄可供直接證明聲請人犯行之事實，自與本案有關聯性，可為犯罪證據，自得扣押之，駁回返還扣押物的聲請。

（桃園地方法院96年度聲字第910 號刑事裁定）

延伸閱讀 《數位鑑識實際案例》，本書第32～37頁。

● 真實性舉證責任分配

一、舉證責任分配的亂象？

　　真實性的舉證責任，究竟是數位證據的提出者舉證其為真？還是他造舉證其為假？先來看這一段法庭模擬對話：

法　官：檢察官，如何證明甲君成立誹謗罪？

檢察官：被害人乙君印出的電子郵件，上頭顯示是甲君所寄？

法　官：甲君，你有沒有寄這些信？

甲　君：沒有，這些電子郵件是紙本，一定是乙君偽造的，我沒有寄過這些信。

法　官：你有沒有乙君偽造的證據？

甲　君：電子郵件是數位證據，很容易遭到竄改。

法　官：不要隨便推論，我是問你有沒有證據？

甲　君：沒有。

(傳喚證人乙君，乙君具結)

法　官：乙君，這些電子郵件是不是你偽造的？

乙　君：當然不是，我確實從電腦中印出來的。

法　官：好，我的心證是這些電子郵件是真的。

甲　君：抗議！法官大人，為何乙君說是，你就認為是真的。我說是假的，卻不相信我。

法　官：因為你是被告啊！而且你提出的是變態事實！

　　上述案例，法官應該採信何人？

　　是否發現，電子郵件若由告訴(發)人所提出，只要具結擔保是真的，法官較容易認為是真的，這在許多案件中都可以看到。但是，只要是被告提出的電子郵件，告訴(發)人認為是假的，被告則具有舉證是真實的義務。

　　實務上，針對上述告訴(發)人所提出的電子郵件，法院通常會逕行認定是真實的。例如下述案例中，實務上似乎將舉證責任分配給被告：

判決字號	判決內容	本書見解
台北地方法院92年度訴字第1411號刑事判決	被告空言指摘該電子郵件可能經竄改而無證據能力云云，殊嫌無據。	這個判決內容，似乎認為對於電子證據真實性之要求，應由被告加以舉證該證據不具備真實性。或許是因為法官認為電子郵件不可能造假，所以如果主張電子郵件是假的，是變態事實。
台北地方法院95年度訴字第1606號刑事判決	本院尚無法確定該電子郵件信箱是否曾為他人申請使用，然既然查無任何該電子郵件信箱之申請資料，即無從獲致該信箱係有人申請使用之確信，更無法認定電子郵件信箱係告訴人或○○○所申請使用。顯見無論係電子郵件帳號、電子郵件內容本身係可輕易偽造、變造，則在告訴人、○○○均堅詞否認如附件一所示之電子郵件為彼等所書寫往來之情況下，若無強而有力之積極證據，實難遽認該電子郵件為真實。	被告所提的電子郵件，即使喊了一萬次是真的，法官還是不認為是真的。因為電子郵件是被告所提出來的，被告好像是壞人一樣，只要沒有強而有力的證據，很難證明該電子郵件為真實。或許是因為被告取得他人的信件基礎是有問題的，而且只是紙本，又查無信件中的帳號資料，告訴人也否認內容為真實，所以舉證責任為被告。

本書認為，當真實性遭到質疑，應該由提出數位證據者證明，不論提出者為何造，法院對於真實性舉證的要求都應該一致。其次，提出者無法提出證明時，只是代表無法證明數位證據為真，並不代表數位證據就是假的。若要證明提出者的數位證據為假，尚需其他證據證明之。

上述案件中，據悉告訴人也提出另外一套Webmail之「紙本」內容，來證明被告提出的電子郵件是假的，法官也偏向認為被告所提為假。告訴人提出之後，被告主張告訴人亦應提出原本，但告訴人則以家中桌上型電腦年久失修而無法提出。實際上，Webmail是存放在ISP業者的郵件伺服器中，可從任何一台電腦連上網，即便告訴人的電腦受損，原則上仍可從別台電腦中上網取出。《台北地方法院95年訴字第1606號刑事判決》

二、刑事舉證責任分配

按舉證責任分配之部分，追訴者因對於事實的證明義務，本負有提出及說明證據之責；從而被追訴者，在表象上亦須對於追訴事實的不成立，作反向之舉證。

追訴者，刑事案件通常為檢察官，對於所追訴之事實，本須窮其舉證義務，以使得事實的成立得以確認，倘若經舉證之後，仍無法使得審判者形成事實成立確認的心證，則本於無罪推定原則，當視為事實不成立，根本毋庸為任何阻卻之舉證作為。

《刑事訴訟法第161條第1項》
檢察官就被告犯罪事實，應負舉證責任，並指出證明之方法。

蓋追訴者追訴犯罪事實，本應提出證據加以證明犯罪事實之存在，讓審判者得以形成構成要件該當之心證；當他造質疑證據之真實性時，係屬於證據是否成立之前提要件，本屬提出證據者所要負擔之舉證責任，焉有轉嫁非提出之一方舉證之道理。若提出之證據符合真實性而具備證據能力時，進一步才探討證據證明力之問題，即該證據究能證明犯罪事實至何種程度，則被訴者必須提出證據證明該事實不成立。

例如在擄人勒贖的案件中，檢察官以通聯紀錄證明被告確實有使用某行動電話門號與被害人聯繫，若被告爭執之重點在於該電信公司曾遭駭客入侵竄改資料，通聯紀錄有遭竄改之可能性，此種涉及真實性要件之質疑，當然須由檢察官舉證其證據並無遭竄改之可能，如委請該電信公司之網管人員，說明遭入侵竄改之範圍並不包括通聯紀錄，且不影響該紀錄之真實性，或說明資訊安全設備之架構，是否足以確保該證據之真實性。

若被告對於通聯紀錄並無質疑，而係提出契約書，反證證明該行動電話門號雖係其申請，但實際使用人係其友人，則係提出證據證明檢察官所指其以行動電話進行擄人勒贖之犯行並不成立，此係證據證明力階段探討之問題。反之，被告對於追訴事實的不成立，作反向之舉證時，所提出也是屬於數位證據，若其具有掌控與瞭解之「事證資料鄰接性」，亦應負擔舉證之責任。

延伸閱讀 《誰有義務提出數位證據？》，本書第99〜107頁。

三、舉證者如何舉證？

延續一開始的案例，接下來產生一個問題，如果是被告負舉證責任，被告怎麼舉證？

本文認為法院對於數位資料真實性之要求，並不應由無法存取該數位資料之一方負舉證責任，此涉及到「事證資料鄰接性」。

所謂「事證資料鄰接性」，本書所指是區別當事人雙方，哪一造較容易取得數位證據並舉證證明其真實性，例如甲公司控告某乙在甲公司的網站討論區中辱罵甲公司，涉及公然侮辱罪，由於數位證據是甲公司伺服器中所產生，某乙難以接觸到，與該數位證據欠缺「事證資料鄰接性」。因此，若有真實性之質疑時，則應由提出者某甲舉證證明之。（刑事案件，起訴之檢方更有強制處分權可運用）

況且，數位資料具備易遭竄改性，數位資料之真實性，在他造提出質疑之際，更不應以提出者之證詞為唯一之判斷依據；故該電子郵件若係由起訴者所提出，且遭質疑真實性時，自應由起訴者舉證證明其電子信箱、電腦設備、作業平台等環境均在正常運作下，以符合真實性之要求，或輔以執法機關依據鑑識程序取得該數位資料，鑑識分析是否有偽造、竄改之可能性，進而提出鑑定報告，此部分不應由他造負舉證責任。

前述第87頁表格內之案例一，判決結果認為：「被告空言指摘該電子郵件可能經竄改而無證據能力云云，殊嫌無據」之見解，似乎忽視了數位證據具備易遭竄改之特性，也顯然違背數位證據舉證責任分配之法則。

　　惟對於特定值得信賴之證據，如刑訴法第159條之4規定中，第1、2款之公務員職務上製作之紀錄文書、證明文書，及從事業務之人於業務上或通常業務過程所須製作之紀錄文書、證明文書，除非有「顯有不可信之情況」外，則屬傳聞證據例外。換言之，提出符合本規定要件之證據者，即具有推定該證據具備真實性之效果，質疑此類證據之一方，則需提出其他事證，推翻其真實性之基礎，例如提出新聞報導資料證明該系統曾遭入侵，或提出其它技術資料，如儲存資料之系統架構，來證明確有遭竄改之可能性；同條第3款之規定，所謂「其他於可信之特別情況下所製作之文書」，若仍遭他造當事人質疑真實性，則應由提出此證據之一方，證據具有何種「可信之特別情況」。

延伸閱讀 《電腦稽核紀錄檔及傳聞證據》，本書第189～196頁。

三、國外參考的標準

　　參酌加拿大統一電子證據法(Uniform Electronic Evidence Act)採行推定規則(Presumption of integrity)，可以提出一些補充的規則：

編　號	項　目	說　明
1	產生資料的系統正常運作	如電信業者之紀錄（註解①）
2	監控紀錄儲存於他方，且他方拒不提供	
3	資料是由第三人於系統日常運作下所產生	如電信業者之紀錄

註解：

　　①即便當事人質疑紀錄之真實性，只要能證明系統運作環境、資訊安全設備均正常運作，管控人員亦具備一定之資格，且管控者未與訴訟當事人有一定關聯性者，除非質疑其真實性之當事人能提出反證，否則即可推定該證據之證明能力。

延伸閱讀

　　《ISP業者提供的數位證據可靠嗎？》，本書第14～16頁。

　　《強化監控紀錄的可信度》，本書第20～21頁。

　　《易遭竄改性——相關法院見解》，本書第60～61頁。

5.

數位鑑識費用分攤

● 高額的數位鑑識費用

一、數位證據提出及鑑識費用

　　民事訴訟案件中，數位證據提出及鑑識的費用相當可觀，所以這個議題引發許多國家的重視，美國於2006年12月1日，修訂民事訴訟法中有關電子儲存資訊之規範，希能提出有效之解決之道。

　　舉美國的Zubulake案為例：

實案追緝

Zubulake案

　　女員工Zubulake控告前雇主性別歧視，被告UBS公司在法庭審理過程中，須提供相關備份磁帶。數位資料鑑識工作由Pinkerton公司執行，初步先挑選5個備份磁帶進行還原、過濾，所需鑑識費用約計12,000美元，據此推算出剩餘72個備份磁帶可能需要之費用170,000美元。

5個備份磁帶 → 約計12,000美元 → 約計新台幣36萬元
（以1：30計算）

72個備份磁帶 → 約計170,000美元 → 約計新台幣510萬元

《Zubulakev.UBS Warburg, LLC, 216F.R.D.280, 287
（S.D.N.Y. 2003）.》

　　一個案子光是磁帶的鑑識費用就要新台幣510萬元，說不定請求的金額都沒有這麼高。

　　為確保數位資料之真實性，以符合形式證據力之要求，其取證費用必將非常曠日費時，若提出之費用由擁有數位資料之一方負擔，顯然未必公平，法院應該如何加以裁判，在數位設備已深入民眾生活之際，顯係值得探究之議題。

　　我國過去民事司法實務，往往忽視數位證據提出義務費用分配之爭議，或許就現行法而言，仍有法令得以適用，決定分配之方式。然而，現行法令制度，恐怕仍難以在具體事實之發現，以及當事人權利保障之雙重利益考量下，尋求最大之平衡。有必要參酌經濟學上之論理，作為未來判斷之依據。

真實發現　　　　費用負擔

呂前副總統與新新聞官司

　　新新聞總編輯李○駿表示，民國89年11月3日23時至23時5分間，呂副總統打電話對他說：「總統府鬧緋聞，嘿！嘿！嘿！」並於新新聞周報第715期，刊登以「鼓動誹聞，暗鬥阿扁的竟然是呂秀蓮」為主題的封面故事。本案中，呂副總統否認有打電話給李○駿，經向中華電信股份有限公司(下稱中華電信)及台灣大哥大股份有限公司(下稱台灣大哥大)調閱通聯紀錄，李○駿、呂副總統及其隨扈管家使用之行動電話均無該筆紀錄。被告李○駿表示上開通聯紀錄並非真正，並聲請鑑定其是否曾遭修改。

一、被告主張

　　李○駿依據聯合報民國91年5月21日第8版報導，目前技術上已有「隱形機」之技術，致電信機關查不出其通聯紀錄；且依據聯合報民國90年1月13日民意論壇亦有讀者投書表示通聯紀錄可以更改，足證通聯紀錄不存在。此外，李○駿亦主張民國89年11月3日晚間之通聯紀錄空白，與平日完全不同，已屬異常，而揆諸再審被告位居國家權力之要津，當然有能力命中華電信及台灣大哥大修改通聯紀錄。

　　據此，李○駿向法院聲請，由財團法人資訊工業策進會或工業技術研究院調查兩家電信公司之帳務管理系統，所儲存磁碟之磁區是否有修改之可能性，以及李○駿所使用台灣大哥大之行動電話，於民國89年11月3日帳務管理系統之通聯紀錄所儲存磁碟之磁區，有無修改或刪除之痕跡。

二、其主張的鑑定方法為

(一)系爭帳務管理系統所儲存磁碟之磁區修改可能性部分：

　　由鑑定機關派員現場檢視兩家電信業者之帳務管理系統及其操作手冊，於上開電信業者專業人員之協助下，進行修改系爭帳務管理系統所儲存磁碟的磁區資料之測試。

(二)系爭行動電話於民國89年11月3日之通聯紀錄有無修改部分：

　　由鑑定機關派員至台灣大哥大，依其儲存ANI Report的database系統之操作手冊，取出上開日期系爭行動電話之ANI Report，並送回鑑定機關進行鑑定。中華電信、台灣大哥大均未對上開重新聲請之鑑定方法表示任何意見，原確定判決援以認定聲請鑑定費用高昂而無鑑定必要，逕認定系爭電話之通聯紀錄未遭修改，李○駿稱接到系爭電話係屬虛構等語，實屬率斷。

三、法院見解

(一)依據資安政策，推導出並無遭非法修改可能性

　　法院認為兩家電信業者均以分工方式制度化規範資料安全管制，以防遭人非法修改，亦即系統之程式設計、硬體設備及資料調閱之應用操作分別交由三個獨立部門管理執行，藉由權責劃分方式防範系統遭人非法修改，業經證人及該兩公司覆函可考。

(二)證人及電信公司之可信賴性

　　證人與兩造並無利害關係，該兩公司復係國內知名且具規模之通訊業者，證人所證及該兩公司覆函所述，應可採信，故上開通聯紀錄應未遭刪改；且帳務管理系統之資料係向用戶計費之依據，資料之正確乃該公司首要關心之事。

(三)鑑定負擔及造成之損失過大

　　法院認為，聲請鑑定人（即被告李○駿）之鑑定方法會破壞系爭帳務管理系統，如遭破壞，該公司營運將全面停擺，每日有形損失營業額約1.5億元。如法院派員鑑定，勢必影響帳務系統每日正常營運，如用戶要求該公司自行吸收該被延誤之繳費期間，該公司每日累計將遭受2億元之利息損失，且該公司帳務系統產能滿載，如一日出帳程序延誤，將惡性循環，損害難以估計等語。

《高等法院93年度再字第46號民事判決》
《最高法院93年度台上字第851號民事判決》

＊筆記＊

● 誰有義務提出數位證據？

一、數位證據是否適用於文書提出義務 》

既然有些案件的數位證據提出，費用相當昂貴，因此對於有提出義務的當事人，就顯得相當不利。故在資訊科技時代中，數位資料之提出，是否可適用民事訴訟法第342條以下之規範？

過去實務上有認為非屬現代訴訟類型之案件，並不適用民事訴訟法第342條以下文書提出之規定(參照臺北地方法院89年度簡上字第815號民事判決)。有學者認為實務上此一見解係採取限定的事證解明義務，將「證據偏在的例外情形」限縮在「特定類型之現代型訴訟」之狹小範圍內。

＊＊＊《民事訴訟法第342條》＊＊＊

聲明書證，係使用他造所執之文書者，應聲請法院命他造提出。

前項聲請，應表明下列各款事項：

一.應命其提出之文書。

二.依該文書應證之事實。

三.文書之內容。

四.文書為他造所執之事由。

五.他造有提出文書義務之原因。

前項第1款及第3款所列事項之表明顯有困難時，法院得命他造為必要之協助。

　　參酌民事訴訟法第344條之立法理由：「隨社會經濟狀況之變遷，公害、產品製造人責任及醫療事故損害賠償等類現代型紛爭與日俱增，於某訴訟中不乏因證據僅存在於當事人之一方，致他造當事人舉證困難之情事發生。故亦有擴大當事人文書提出義務範圍之必要，爰修正之。」從公害、產品製造人責任、消費者保護及醫療事故損害賠償等立法者所稱之「現代訴訟」，<u>應係著眼於訴訟當事人雙方地位之不平等所產生之證據偏在結果</u>。

> ＊＊＊《民事訴訟法第344條》＊＊＊
> 下列各款文書，當事人有提出之義務：
> 一.該當事人於訴訟程序中曾經引用者。
> 二.他造依法律規定，得請求交付或閱覽者。
> 三.為他造之利益而作者。
> 四.商業帳簿。
> 五.就與本件訴訟有關之事項所作者。
> 　　前項第5款之文書內容，涉及當事人或第三人之隱私或業務秘密，如予公開，有致該當事人或第三人受重大損害之虞者，當事人得拒絕提出。但法院為判斷其有無拒絕提出之正當理由，必要時，得命其提出，並以不公開之方式行之。

案例類型	不平等證據偏在現象
環境汙染訴訟案件	一造為製造污染之企業，另一造則為受污染所害之小市民，如何造成環境污染之過程與因素，小市民往往無法得悉。例如高雄大寮鄉曾發生多起空氣污染事件，導致學生吸入後身體不適送醫，經環保單位動員大批人力追查，仍難以找出真正污染源。
消費者保護訴訟案件	一造為產品生產者，另一造為消費者，產品生產過程均由企業所控制。
醫療事故之訴訟案件	通常一造具備專業之知識專業，且相關醫療過程均由醫院或醫師所單方持有。

此修正規範並非著眼於「現代」二字，亦即不分所謂的現代或傳統訴訟，只要「事證資料鄰接性」欠缺平等之狀態下，即應有主張民事訴訟法第342條以下之文書提出規範之適用；亦即修正目的應該著眼於文書資料取得之「幾不可能性」，導致雙方當事人訴訟上武器攻防之不對等，若對於文書資料具有「鄰近性」之當事人拒不提供資料，將導致處於取證弱勢之他造當事人無法蒐集應有之事證。

因此，本文認為民事訴訟法第342條以下之規範，所謂適用於現代訴訟，應該包括數位證據之情況。為建構「真實發現」、「訴訟促進」及「公平」之三大民事訴訟法之基本價值，肯定當事人取得相關事證之證明權，否定他造當事人隱匿不利事證之自由。故數位資料之取證過程，若有違反前述民事訴訟法之基本價值者，則仍有民事訴訟法第342條以下規範之適用。

二、提出費用之分擔

數位資料之提出費用已非傳統文書所能比擬，因此提出費用應由何人負擔？

(一)第三人提出費用之請求

當事人提出義務部份，民事訴訟法並無費用請求之規範。僅有第三人負有提出文書義務而提出文書之情況，且非民事訴訟法第349條無正當理由不從提出之命而遭罰鍰或強制處分之情況下，得請求提出文書之費用(民訴第351條第1項)。蓋因第三人於訴訟本無任何關係，其提出文書之義務，雖為公法上之義務，但其因提出文書所生之費用，如亦命第三人負擔，自非事理之平。所以。前述呂秀蓮及新新聞的官司。第三人中華電信及台灣大哥大因鑑識所生之費用。即可主張之。

> ＊＊＊《民事訴訟法第351條第1項》＊＊＊
> 第三人得請求提出文書之費用。但有第349條第1項之情形者，不在此限。

惟其條文內容過於簡略，實務運作上該如何判斷請求提出文書之費用數額是否恰當，以及該由何人負擔，均未有規範。依據民事訴訟法第351條第2項規定，第三人得請求提出文書之費用，準用同法第323條第2項至第4項之規定。本準用之規定，並非指文書提出費用與證人之日費及旅費，均由法院支給。而是指準用請求費用應於訊問完畢後10日內為之、法院對於費用請求之裁定得為抗告，以及得依其請求預行酌給之。

> **＊＊＊《民事訴訟法第323條第2～4項》＊＊＊**
>
> 前項請求，應於訊問完畢後10日內為之。
>
> 關於第1項請求之裁定，得為抗告。
>
> 證人所需之旅費，得依其請求預行酌給之。

因此，基於民事案件係屬當事人兩造間之紛爭，其所需之費用本即應由當事人分擔，斷無由法院負擔之理。故民事訴訟法第351條之規定，是賦予第三人向訴訟當事人請求給付費用之依據，而非第三人向法院請求給付之依據。

(二)一造當事人提出義務費用之請求

既然僅規範第三人之提出費用請求義務，似乎反面推導出當事人彼此間無法主張提出文書之費用。然而，此種立法制度是否妥適，值得商榷。以數位資料早已存在於現行社會環境中，且數位資料之取證耗時且費用高昂，若沒有一定之標準決定文書提出費用之分配，則對於提出義務者顯然是某種型態之訴訟上不利益，甚至於當事人利用此種訴訟技巧，讓負有取證義務者，無謂地支付過多之費用，顯不合理。

三、聲請數位證據提出之正當性

我國法制並沒有針對文書提出所產生費用分攤問題加以規範，已如前述，實務司法判決似乎也欠缺相關具體案例從中加以補充解釋。

如果提出費用過高，可否拒絕之？

此種費用分攤之考量，是否可該當於文書提出聲請審查之「舉證人之聲請為<u>正當</u>」要件(民訴第343條及第347條第1項)？

＊＊＊《民事訴訟法第343條》＊＊＊

法院認應證之事實重要，且舉證人之聲請<u>正當</u>者，應以裁定命他造提出文書。

＊＊＊《民事訴訟法第347條第1項》＊＊＊

法院認應證之事實重要且舉證人之聲請<u>正當</u>者，應以裁定命第三人提出文書或定由舉證人提出文書之期間。

註解（右頁上方）：

①其中所謂「舉證人之聲請為正當」要件，是指文書是否為他造當事人所執與有無提出之義務；另有認為該文書之存在（指曾被作成），亦應為聲請正當要件之一。凡此學說所論之範疇，並未包含「非具過度負擔或成本」之要件。所以，似乎只要聲請是正當，不管要花費多少錢才能提出，只要有義務，就應該要提出。

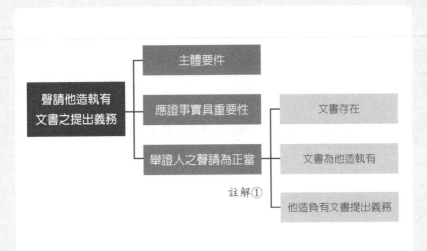

　　我國民事訴訟法就聲請他造執有文書之提出義務審查，要件上應具備：主體要件(對造)、應證事實具重要性、舉證人之聲請為正當(包括文書存在、文書為他造執有及他造負有文書提出義務)。

　　其次，提出義務人是否得依據民事訴訟法第345條第1項規定：「當事人無正當理由而不從提出文書之命者，法院得審酌情形認他造關於該文書之主張或依該文書應證之事實為真實。」而主張有正當理由而免予提出？

　　本條所謂之「正當理由」，有認為屬於法院為文書提出命令後所產生之「阻卻效果發生」條件。由於數位證據之提出涉及專業嚴謹之鑑識程序，往往因專業人員之介入而徒增費用，此種提出既係由聲請人所提出，產生之結果通常亦係希望有利於聲請人，固然我國對於文書之提出須以有義務為前提，惟有義務之存在時，難道即無庸考量提出義務人之能力及負擔；況且，為他造之利益而導致自己過度之負擔或成本，若為法律政策所接受，極易導致聲請人運用實務上之操作，即便最終無法獲得勝訴之實質結果，程序上卻早已達成某種型態之變相勝訴結果。

　　我國目前有關文書提出產生費用之分配既無明文規範，似可參酌美國過去採取「成本移轉」審查，或現行法採取之「提出義務合理性」審查之制度。如提出義務人主張過度成本或負擔，致使數位資料不具存取可能性時，可認為該當第345條第1項之「正當理由」，而產生阻卻效果發生之結果。另依同條第2項規定，法院於裁判前令當事人有辯論之機會，如同美國聯邦民事訴訟規則於2006年12月修法所採之二階段之審查程序，聲請人得主張「正當理由」(good cause)，法院

最後依據辯論意旨為文書提出與否之裁定。如此一來，將可在現行法令體系下，尋求出可行之解決之道。

　　最後，美國修法內容，對於第三人提出義務之部分，似乎未見修正，我國規範亦不清楚。則第三人依據我國民事訴訴法第351條第1項規定請求提出文書之費用，則應由哪一造當事人負擔、分配標準為何？似乎亦有待未來一併加以規範。

＊筆記＊

6

最佳證據法則

● 認識最佳證據法則

一、最佳證據法則的由來

最佳證據法則(The Best Evidence Rule)並非我國法律制度，源自於聯邦證據規則，其規定如下：

> ＊＊＊《第1002條規定》＊＊＊
>
> 　除法律另有規定外，為證明文件、紀錄或照片之內容，應提出原本。
>
> 英文原文：
>
> To prove the content of a writing, recording, or photograph, the original writing, recording, or photograph is required, except as otherwise provided in these rules or by Act of Congress.

二、數位證據之印出物

數位證據之印出物可否視之為原本呢？

這個問題的重點在於，如果不能以印出物代替原本，則每次法院開庭的時候，都必須要把電腦搬出來，然後以勘驗方式，將電腦開機顯示出其內容。

　　依據聯邦證據規則第1001(3)條規定：資料若是儲存在電腦或類似設備，任何印出物或其他視覺可讀的輸出物，能反應出資料的正確性，屬於原本。

　　換言之，正確的電腦印出物，能滿足最佳證據規則對於原本的要求。

　　例如2002年Laughner v. State案，法院認為警方將AOL 即時訊息（Instant Message）的紀錄檔經由剪下，並複製到Word的文字檔案的過程，滿足最佳證據規則。然而，並非代表電腦印出物即可具備真實性，因為第1001(3)條所謂「反應出資料的正確性」(reflect the data accurately)，解釋上應該是指印出物與電腦之原始檔案兩者內容一致，並非論及該資料有無遭到偽冒、變造之情形。

　　可是印出物能顯示數位證據的資訊依舊有限。數位資料仍存在許多隱藏性之資訊，例如檢視數位資料之內容，即可得知其建立日期、修改日期、存取日期、標題、主旨、作者等資訊，這些資訊並非印出物中可得悉。因此，有時候仍有必要針對原始數位資料進行鑑識，或由鑑識單位提出鑑識報告。

● 看不到的隱藏性資訊

一、逕行列印採證之缺失

從刑事案件觀察，執法機關進行數位資料之搜索扣押時，常見以非專業之方式，未經由電腦鑑識人員為之，即逕行開啟電腦，並將搜獲之數位資料列印出來，經由在場當事人簽名認證，即以此作為扣押之事證，而未將數位資料扣回。

姑且不論數位證據亦或數位之印出物何者為原本之爭議，此種蒐證作為可能會產生兩種後果：

其一，未經由特定之數位鑑識程序，將導致數位犯罪現場遭到破壞，數位證據因為開啟電腦等強制處分而產生變更，易遭犯罪者指稱證據係執法人員有意栽贓而竄改，如同前文所提到數位證據之易遭竄改性有相同之結果。

其二，就是隱藏性資訊無法得悉。許多與犯罪事證有關聯的證據，未必會出現在檔案的內容。例如巴紐弊案，如果搜索到佣金名單，該名單內容是否為電腦所有人所為，還是其他人傳給電腦所有人，從文件的內容可能無法知悉。但是，若可以取得檔案，或許可以從隱藏性資訊，發現該佣金名單檔案的原始製作人。（參照右頁上圖）

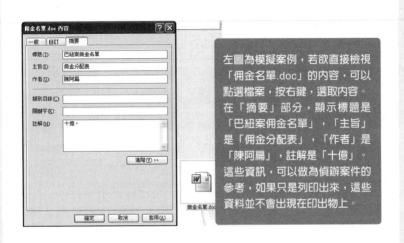

左圖為模擬案例，若欲直接檢視「佣金名單.doc」的內容，可以點選檔案，按右鍵，選取內容。在「摘要」部分，顯示標題是「巴紐案佣金名單」，「主旨」是「佣金分配表」，「作者」是「陳阿扁」，註解是「十億」。這些資訊，可以做為偵辦案件的參考，如果只是列印出來，這些資料並不會出現在印出物上。

【美國United States v. Whitaker案】

　　例如美國United States v. Whitaker案，被告Frost因觸犯販賣毒品，其電腦遭查獲，並發現內有毒品販賣詳細紀錄之檔案，檢方經由Frost之協助解讀其電腦中的資料，解析出檔案內容中化名Gator者即為同案被告Whitaker，Whitaker質疑檔案欠缺真實性，認為只需要極短之時間，Frost即可將Whitaker之化名Gator加入檔案之內容中。法院表示檔案確有可能遭到修改，但其並沒有舉證證明電腦紀錄遭到竄改，因此並無法影響證據之真實性。

《United States v. Whitaker, 127 F.3d 595, 602(7th Cir. 1997).》

二、印出物無法包含隱藏性資訊

　　數位資料若未能扣押回來，將造成隱藏性資訊無法取得。

　　所謂隱藏性資訊，通常並無法經由印出物等輸出方式加以顯示，必須經由直接檢視數位資料，才能得悉與檔案有關之重要資訊。

　　例如Word檔案隱藏資訊中，可知悉檔案建立時間、修改日期及存取日期，還可以顯示上次存檔者、編輯總時間、前次列印時間等。

　　以影像檔為例，也可以從檔案內容中，得悉寬度、高度、垂直解析度、相機型號、拍照日期，甚至於若有配合GPS功能拍照時，也可以顯示GPS的地理位置，藉此推斷出當初拍照的地點。因此，如果只提供數位資訊之印出物，將造成隱藏性資訊之喪失，產生無法預期之結果。

三、同時存檔，相同人所為？

　　某甲利用某乙的撥接帳號上網，申請多個免費電子郵件，並在新聞群組以「光碟女王」名義，散佈販賣盜版光碟的交易訊息。迨客戶下訂後，再透過郵差寄送交付予訂購之人。後為警方查獲，持搜索票扣得電腦等物。

　　接著請看後面之「法庭攻防摸擬」……（接第114頁）

〔 法庭攻防模擬 〕

法　官：檢察官，如何認定某乙亦有販賣盜版光碟情事，所憑為何？

檢察官：在扣得某甲的電腦中，發現兩個檔案「博士論文三」與「訂單」，最後一次儲存時間相同，顯然是同一個人所編輯。而某乙是博士生，「博士論文三」是其所有，因此某乙應該有幫某甲販售盜版光碟，處理訂單事宜。

法　官：某乙，你如何解釋？

某　乙：冤枉啊！大人。

法　官：如何冤枉？

某　乙：「博士論文三」與「訂單」兩個都是Word檔案，最後存檔時間都相同或相差不到一分鐘之內，兩者均為1999年5月9日上午9時7分。

法　官：這我瞭解，時間這麼接近，難道不是你所為？

某　乙：可能是我撰寫「博士論文三」檔案到一半，忽然跑去照顧小孩子，檔案沒有存檔，而後有人使用相同的電腦，編輯「訂單」檔案。

法　官：然後呢？跟你的「博士論文三」檔案有何關聯性？

某　乙：可能使用者編輯「訂單」檔案結束後，要把Word程式關閉，由於我的「博士論文三」檔案尚未存檔，Word程式會提醒使用者將未存檔的文件存檔，致使存檔後兩份文件的儲存時間會相同或相差不到一分鐘之內。

法　官：言之有理，檢察官光以「博士論文三」及「訂單」二文件的存檔時間相同，就推論該二文件是同一人所編輯，尚嫌速斷。

《臺灣臺北地方法院89年度訴字第929號判決》

本案例之存檔時間，應該是指「修改時間」。但是，從前述對話中，顯示存檔時間只計算到分，實際上應該是計算到秒。所以，才會有「最後存檔時間都相同或相差不到一分鐘之內」之對話，實際上應該不是相同，而是相差不到一分鐘之內。

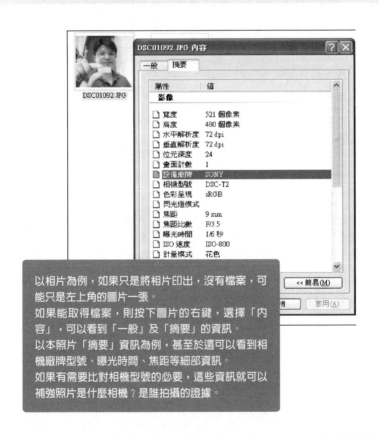

其他常見的隱藏性資訊 ①

下圖以「數位證據.doc」的Word檔為例，若直接檢視檔案內容，可以點選「檔案→摘要資訊」，看到許多內容以外的資訊。此外，也可以在檔案上點選右鍵，選取「內容」，也可以看到類似的資訊。(metadata)

摘要資訊

其他常見的隱藏性資訊②

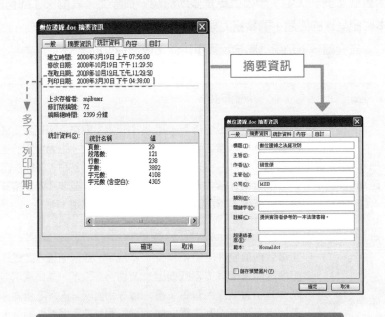

摘要資訊

多了「列印日期」。

以數位證據.doc為例，摘要資訊包括「一般」、「摘要資訊」、「統計資料」、「內容」及「自訂」。
一般：包括檔案類型、儲存位置、檔案大小、名稱、建立時間、修改時間、存取時間，還多個列印時間。
摘要資訊：包括標題、主旨、作者、主管、公司、類別、關鍵字、註解等資訊。
統計資料：則還包括列印日期，上次存檔者、修訂版編號、編輯總時間，以及一些統計資訊。

● 有關最佳證據法則之規範

一、我國訴訟法類似條文

　　最佳證據法則，在美國是一項重要的概念。我國實務上也曾有引用該概念於判決中，學術上更是多所討論。實際上，其解決了部份紙本影印呈現的問題，讓實務上程序的進行更加地順暢。

　　先介紹一下刑事訴訟法及民事訴訟法較為接近的法令：

法　　令	規範內容	評　　論
刑事訴訟法第165條之1	審判長對於電磁證據可為證物者，應以適當之設備，顯示聲音、影像、符號或資料，使當事人、代理人、辯護人或輔佐人辨認或告以要旨。	本規定主要是電磁紀錄證據之呈現方式，透過特定的呈現方式，讓當事人能瞭解證物之內容，並非「最佳證據法則」之規定。
民事訴訟法第363條第2、3項	文書或前項物件，須以科技設備始能呈現其內容或提出原件有事實上之困難者，得僅提出呈現其內容之書面並證明其內容與原件相符。前二項文書、物件或呈現其內容之書面，法院於必要時得命說明之。	本規定，並未明確肯定電子文件得為原本，僅係規定得以提出呈現其內容之書面，並證明其內容與原件相符，也未規定印出物或類似物品為原件。

二、民事訴訟法之部分

民事訴訟法要求提出文件原本之規定，目的在於證明私文書之真實性，第352條第2項但書規定：「僅因文書之效力或解釋有爭執時，得提出繕本或影本。」

故當事人間對於文書之真正有爭執時，就必須要提出文書之原本，而前述第363條所謂「得僅提出呈現其內容之書面並證明其內容與原件相符」，係對文書之真實性提出爭執時所為之規定，並非針對電子文件內容的效力或解釋提出爭執。如果只是對文件內容的效力或解釋有爭議，只需要提出繕本或影本，並不需要證明其內容與原件相符。

民事訴訟法第363條藉電子文件印出物之書面與原本對照無誤後，間接確定電子文件之真實性，雖然該條規定並未認定電子文件即為原本，惟其已賦予電子文件「準原本」之地位。

此部份與刑事訴訟法上之適用關係，仍待討論，惟刑事訴訟法應採取更嚴格之認定。

兩造爭執事項	規範與做法
文書之真實性	應提出文書的原本 提出呈現其內容之書面，並證明內容與原件相符。
文書內容的效力或解釋	得提出繕本或影本

三、實務案例分析

　　既然數位資料有關「最佳證據法則」之部分,刑事訴訟法並無明文規定,是否得以印出物代替電子郵件等數位資料?

> 　　周○○誹謗案中,被告僅提出「電子郵件非為自伺服器直接列印之正本,而為影本,有可能遭竄改、增刪」,可認為應該是質疑電子郵件真實性的問題。
> 《台北地方法院92年度訴字第1411號刑事判決》

　　法院竟未對此提出相關見解,甚為可惜。

　　況且被告業已認為電子郵件有可能遭到增刪、修改,對於文書之真正有爭執時,已屬真實性之質疑,刑事訴訟法之證據法則較民事訴訟法更為嚴格,若參酌民事訴訟法第363條第2、3項規定,就必須要證明印出物之內容與原件相符,更應提出原本或證明其內容與原件相符,進而證明該電子郵件並無遭竄改、增刪之可能,以釐清當事人對於文書真正之質疑。

● 實務最佳證據法則之相關見解

一、實務有關最佳證據法則之判決

實務上有關最佳證據法則之判決相當少，或許是對於最佳證據法則之陌生，也或許是對於數位證據之不解，也許這是國外法之名詞。以下提供一則曾提出最佳證據法則之判決：

> 按私文書應提出原本。民事訴訟法第352條第2項前段定有明文。又筆跡鑑定包括筆癖、筆鋒、落筆、運筆、收筆、組成比例、筆壓筆序之檢查，及字體大小比例、特殊部首筆劃角度、弧度、字跡筆劃傾斜程度、筆劃粗細之測量，而在以模倣方式偽造之筆跡，易形成一些不自然、不連貫之書寫特徵；在以臨摹描寫方式所偽造筆跡，則會顯露遲滯、猶豫的描寫特徵。以文書之影本為鑑定，因影印色彩之深淺、重覆影印等因素，皆使原本所書寫之筆跡及特徵等有所變更，造成筆跡鑑定過程不能精確判斷前述事項。是英美法院所稱最佳的證據（The Best Evidence）即指文書原本而言，我國民事訴訟法雖無所謂「最佳證據」一詞，但於前開法條已為相同意旨之揭示，則筆跡鑑定應以文書之原本為當自明。

《臺北地方法院87年簡上字第690號民事判決》

　　認為筆跡鑑定要以原本來鑑定，影本不能進行鑑定。若是數位證據，影本無法呈現許多數位證據的內容，如前文第**112**頁所述，包括建立日期、修改日期、存取日期、標題、主旨、作者等資訊，無法呈現出來。因此，照此邏輯，數位證據的影本也應該不能進行鑑定，而應以原本進行鑑定。

　　但是，若是只有紙本留存，在真實性的部份，<u>雖不能證明其為真，但仍能證明其為假</u>。例如偽造過程中，可能發生時區不符之情況，或信件內容之格式不符，原本該出現之格式、符號，卻未能在信件中呈現，亦提不出正當之理由，即有可能作為偽造信件之證明。

二、紙本鑑定之困難性

實務上，針對數位證據的紙本鑑定真偽，鑑定的結果往往沒有實質的結果，參考下列鑑定意見：

判斷一封電子郵件是由何處寄出，無法從寄件者或是郵件帳號位址判斷，因為這些均可輕易造假。事實上每封電子郵件均有檔頭（網際網路標題），內容包含寄送此封郵件之電腦名稱、IP位址、寄送時間及信件傳送過程中經過的郵件伺服主機，故唯有透過郵件的檔頭資料才能判斷該封信件是由那一台電腦寄出（但無法據以判斷為何人所寄）。

由於本案案發時間過久（超過6個月以上，網路服務業者未保留相關稽核紀錄）、無檔頭資料、來源寄件者名稱（如本案之○○）及電子郵件帳號名稱（如本案之○○○@yahoo.com）可輕易偽造等問題。就現有資料來分析，尚難依據本案附件郵件內容，據以推斷是否為某人所寄送或寄件來源真偽等問題。

(警政署刑事警察局94年回覆法院函)

● 採證四步驟

當事人也是提供證據的管道之一，在還沒有尋求司法機關調查之前，當事人應「自力救濟」，確保證據的存在。一般而言，目前留言的犯罪事證大多是以網頁型態存在，如討論區、網站的留言內容，故初步形式上的犯罪事證，當事人即可自行搜證。

進一步的log檔或其他帳號申請登記資料等，大都留存在第三人處，例如雅虎奇摩、聊天室業者；如果是企業內部網站的留言板，則相關資料留存在企業內部的網路管理部門，必須透過司法機關向第三人依法進行調閱資料。

為確保與提升自行採證數位證據的真實性，應遵循右圖之四大步驟：（以下適用於當事人蒐集網頁型態之數位證據）

一、《步驟①》列印網頁及頁首頁尾

列印是最基本之工作，但最擔心者，係當事人僅將犯罪資料列印，卻不做下述其他蒐證工作，不但他造可能質疑數位證據之真實性，甚至於可能遭反控告偽造文書之結果。

列印，除了單純透過列印設備印出外，應附帶列印相關來源、時間之資料，例如微軟瀏覽器之「設定列印格式」，具有頁首頁尾之功能，可在網頁上顯示列印之時間與來源。但有時候網址很長，很難在一定長度之紙張上顯示，這時候可以將瀏覽網頁上方之網址剪下，複製在文字檔中，一併印出留存。

① 列印+頁首頁尾

② 存檔

③ 攝錄影

④ 列印+頁首頁尾

延伸閱讀 《雅虎奇摩法務擔任專家證人案》，本書第42～43頁。

二、《步驟②》存檔或製作鑑識映像檔

列印之外，仍應加以存檔。在可能的情況下，製作鑑識映像檔 (forensic image)。

因為數位資料的內容，有許多無法透過列印方式加以顯示，必須透過數位檢視的方式，才可以得悉一些隱藏性的資訊。

延伸閱讀 《看不到的隱藏性資訊》，本書第110～117頁。

以網頁為例，存檔方式主要是利用「另存新檔」的功能，檔案名稱應儘量維持原始預設之檔名，存檔類型應選擇「網頁，完整」或「網頁封存，單一檔案」（註解①），才得以將相關圖片一併存檔。存檔完畢後，應燒錄在光碟中，以防止資料遭到竄改、變更。

三、《步驟③》拍照、錄影

為降低自行採證過程容易遭到質疑數位證據之真實性，得將採證過程加以拍照、錄影，尤以錄影為佳，且應儘量符合「不間斷原則」（註解②），也就是拍攝標的物不應離開鏡頭。

四、《步驟④》公正人士證明

前三項都是屬於物證之型態，惟若能有公正人士(人證)證明所採集之數位資料，內容確實與實際情況相符，則更能強化數位資料之真實性。

註解：

①「網頁，完整」或「網頁封存，單一檔案」之差別

「網頁，完整」，是指將網頁儲存成一個htm(html)的網頁檔，相關圖片或其他特定內容，則存在另一個與網頁同檔名的資料夾中。

「網頁封存，單一檔案」，有如all in one，所以的文字圖片都存在一個mht的檔案中。

②錄影不間斷原則之重要性

以前偵訊室的錄影設備使用傳統的錄影帶，錄影時間只有60～120分鐘不等，執法人員在換帶的過程中，或產生幾秒鐘甚至於幾分鐘沒有偵訊影像的結果，容易遭指稱這一段沒有影像的過程發生了「刑求」，而百口莫辯，現在多採數位錄音（影），幾乎都不用換器材，得以一次紀錄數小時，甚至數十小時，也不再發生類似的質疑。因此，遵守錄影不中斷原則很重要。

步驟② : 存檔示意圖

不建議存成「網頁,僅HTML」或
「文字檔」格式。

一、尋夢園網頁綁架案─如果有錄影，那該有多好！

　　尋夢園網站，一個聊天網站，為了讓使用者不要連上其他類似的網站，提供「尋夢園聊天室增強元件」。使用者連上該網站，即會自動彈出視窗，詢問（或警告）是否同意安裝該元件，同意後，始得繼續上網聊天。為達排斥其他同類型聊天網站之目的，佯稱該程式可過濾含有色情、廣告內容之網頁，且能讓上該聊天網站更加穩定，使不知情之使用者同意安裝該程式。如果不願意安裝，網站每隔20至30分鐘，重覆尋問是否安裝，使用者不堪其擾而同意安裝後，將無法連上其他同性質的網站，也難以解安裝，導致如同遭到「網頁綁架」之結果，致生損害於使用人。

　　本案中，偵訊了甲、乙、丙、丁三位證人，都證稱上述情況。

　　原本以為本案罪證確鑿，但是到了院方，甲死亡，乙遭到通緝，院方認為兩人所言未具結，也與鑑定結果不符，無證據能力。

　　丙的供詞與鑑定結果不符，例如一審中，丙證稱沒有安裝增強元件，就不能進入聊天室，且每隔一段時間都會跳出詢問視窗，但鑑定報告卻不太一樣，法院認為其所述與事實不符。

　　丁在偵查中聲稱：「……我在我的電腦做測試時，了解到該程式……經我解析過此一問題程式元件……」但在法院中所講的又不一樣，其對談如右：

辯護人：你是如何作解析及測試而得到如此的結論？

丁　　：這是我朋友做測試後告訴我檔案的改變狀況。

辯護人：你朋友做何姓名？

丁　　：我不知道，是我在網路上面認識的，而且他去年已經去世。

辯護人：你如何知道他已經去世？

丁　　：我們在討論區時，他的朋友說他的家人告訴他已經病逝。

法院認為丁閃爍其詞又前後不一，自不足採信。

二、律師思考點

假設甲、乙、丙、丁四人所言為真，有沒有可能發生上述情形，也就是原本網頁會綁架使用者，但事後卻不會綁架？

確實是有可能。

如同網頁寫文誹謗，事後若經遭刪除，就可能事後找不到刪除的文。程式也是一樣，事後也可能遭到修改。本案中，法院有將取得的程式送請鑑定，鑑定的程式與前述甲、乙、丙、丁四人所看到的程式是否相同，恐怕就有所疑義。

因此，數位證據的可變動性極大，事後又難以發覺，再加上當事人提出之數位證據，法院質疑、不信任之比例較高，建議配合本書所提出的幾種方式，例如全程錄影，顯示出網頁會一直跳出詢問的畫面，也可以強化法院的心證。

＊筆記＊

2

第二篇

[各 論]

1.

電子郵件

● 電子郵件基本概念

　　電子郵件,是法庭上最為常見的數位證據之一。無論是公然侮辱、誹謗、洩漏商業機密、散佈猥藝物品,或者是其他犯罪行為的佐證資料,電子郵件說是最為常見的數位證據之一,並不為過。

離線與網路電子郵件

　　除了離線瀏覽的本機電子郵件軟體,如Outlook Express,現在最常見也最常為人使用者,則為網路電子信箱,即所謂的Webmail,任何時間、任何地點,只要能上網,就可以連到自己的電子郵件信箱,相較於本機的電子郵件軟體,更具有便利性。

電子郵件型態	特　色	舉　例
本機電子郵件	從網路郵件伺服器下載至自己的電腦中瀏覽	Outlook Express
網路電子郵件Webmail	直接在網路上瀏覽	奇摩雅虎、hotmail

　　電子郵件可以討論的議題相當多,牽涉的問題也相當廣泛,例如電子郵件能提供什麼資訊?諸如寄件者、收件者、標題、內容、時間、廣告、時區等。而這些資訊對於證據真偽或內容的判斷,都有一定的重要性。

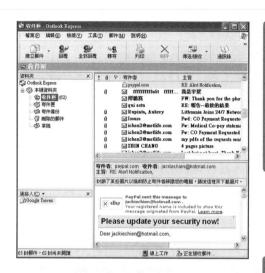

離線電子郵件
一般而言,儲存在單一電腦系統中,如果檔案損壞,必須透過還原檔案的方式加以恢復。

網路電子郵件
如果當事人拿出一堆電子郵件(webmail)的印出物,他卻要求其拿出電子檔,提出者辯稱說「電腦壞掉、無法進入」,此一說詞的破綻在哪裡?
答案很簡單,從世界各地的電腦都可以讀取,有如存取雲端般,任何單一電腦毀損,仍可透過其他電腦讀取。

● **電子郵件遭到竄改**

通常電子郵件會被當事人質疑遭到竄改，包括內容、來源都是被質疑的對象。來源遭到竄改，可能只是修改寄件者的顯示名稱，由mail server(郵件伺服器)配合，更改email header。

但通常較為可能遭到竄改者，都是單一電子郵件轉存成為單一檔案的情況，如果是Webmail或者是離線電子郵件，收到之後尚未轉存前，以目前實務案例分析下，雖然從理論上仍有竄改的可能，但都尚無討論遭到竄改的必要性。例如下述Outlook Express的檔案Outlook1.pst，其內容是將收件匣、寄件匣、寄件備分等內容以All in one的方式整合成單一檔案，竄改的可能性與成本較高，導致發生的可能性相對來說較低。

Outlook Express是單一檔案，將所有資料均整合在一起。
上開連結是預設存放網址。

Webmail電子郵件的基本外觀

網頁網址編碼

可點閱信件之
標題與原始檔

寄件者

收件者

日　期

主　旨

主　旨

● 電子郵件標頭：判斷信件的來源

　　電子郵件的寄件者可能是假的，如下圖，以Outlook Express設定一個新的電子郵件帳戶時，可以任意地設定我的顯示名稱，所以如果寄件者是你的直屬長官，信件內容是「第五次聯席會議會議紀錄」，有可能底下的幹部就會開啟文件的附加檔案，而導致中毒的結果。所以，光從寄件者的顯示名稱來看，可能無法正確地判斷真正的寄件者，就必須要從電子郵件的標頭中來判斷信件的來源。

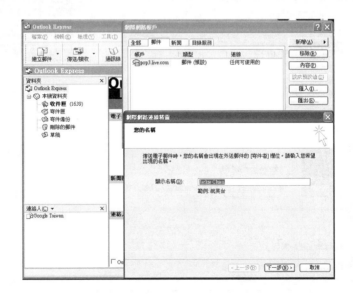

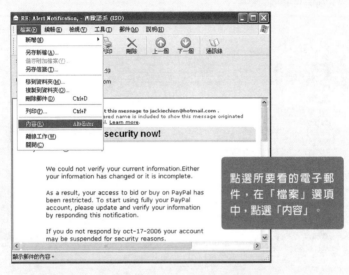

● Outlook Express的郵件標頭

點選所要看的電子郵件,在「檔案」選項中,點選「內容」。

點選「詳細資料」或點選下方的「郵件原始檔」。

● Webmail的郵件標頭

　　Webmail也是一樣有郵件標頭的功能，一樣可以藉此點閱標頭內容，找到信件的來源。

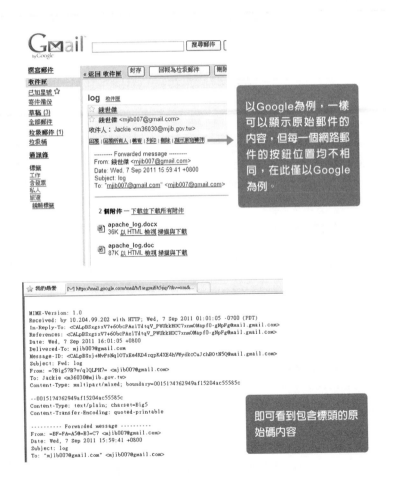

以Google為例，一樣可以顯示原始郵件的內容，但每一個網路郵件的按鈕位置均不相同，在此僅以Google為例。

即可看到包含標頭的原始碼內容

● 標頭由下往上新增

在信件標頭中會看到幾個如下格式的字串，代表信件是從哪邊寄來的，Received: from A (XX.XX.XX.XX)。愈底下是愈原始的來源(寄件者)，愈上方則愈接近自己(收件者)。假設某甲以YAHOO的信箱寄信到某乙GOOGLE的信箱，圖示如下。

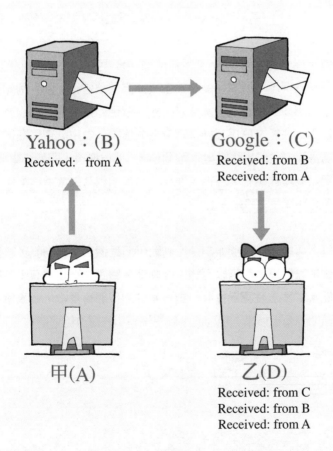

Yahoo：(B)
Received: from A

Google：(C)
Received: from B
Received: from A

甲(A)

乙(D)
Received: from C
Received: from B
Received: from A

● 有關電子郵件標頭的鑑識報告

電子郵件之檔頭資料在技術上是可以竄改其內容，故無法純從檔頭資料顯示之寄件人IP位址、寄件時間等訊息，判斷該電子郵件之真實性。系爭電子郵件檔頭資料所示之傳送記錄【如寄件人IP位址、寄件時間等訊息】是否曾經遭竄改，尚需藉由網路業者連線資料，始能確認。

(高等法院臺中分院97年度上訴字第324號刑事判決)

所以，檔頭的內容(即本文所述的標頭)有可能遭到竄改，光從標頭內容並無法得悉。所以可能必須由其他方式來進行判斷，例如同案的判決中指出「又系爭電子郵件之檔頭，依現有技術是否可以竄改？惟被告告訴人住處，既係經檢察官突然命搜索，並由調查員在被告之電腦或隨身碟中發現相關檔案而列印附卷，此已據證人即調查員林x永於原審另案卷證述明確，故被告顯無可能預期到將來會被搜索而事先竄改電子郵件檔頭之可能。」

所以，可能無法從標頭中進行判斷，但是還是可以由許多客觀的環境證據加以佐證，或輔以經驗法則判斷，據此推斷到底有沒有被竄改之可能。本案法院認為從此一單一案件的犯罪背景中，似乎當事人並沒有預期到會被搜索，也因此應該是沒有事先竄改的可能性。

前述所謂通常較為可能遭到竄改者，都是單一電子郵件轉存成為單一檔案的情況，如下圖，將Outlook Express的電子郵件轉存為Outlook Express 6.eml之單一檔案，只要使用記事本的小軟體，就可以讀取該信件，並且透過簡單的編輯行為而更改信件的內容。然後再將信件內容儲存，就可以將內容加以更動。所以在單一信件的情況之下，其內容遭到竄改的可能性較高。(竄改後會變更到檔案的修改時間)

如果收件者有很多人，比較簡單的方式就是比對各個收件者的內容，是否有所不同，來判斷是否有遭到竄改的情況。所以，要判斷電子郵件遭到竄改，未必一定要經過繁複的電腦鑑識程序，也許是簡單的論理分析，即得以找到正確的答案。

電子郵件的隱藏性資訊還包括「信件標題」，再看另一封電子郵件的信件標題，可以獲得一些資訊，如時區、原始寄件位置等：

X-CACHE-Message-UID: 44852
X-CACHE-Status: OSO
X-SeednetContentLength: 11492
Return-Path: <chhsu@msa.vnu.edu.tw>
Received: from fas27-tag.seed.net.tw (fas27.seed.net.tw [139.175.54.138])
   by mss33.seed.net.tw (v2.2.12-seednet-v1.65a) with LMTPA;
   Thu, 02 Oct 2008 12:38:05 +0800
X-Sieve: CMU Sieve 2.2
Delivery-date: Thu, 02 Oct 2008 12:38:05 +0800　　──▶ 時區
Received: from [139.175.54.138] (port=36885 helo=fas27.seed.net.tw)
   by fas27-tag.seed.net.tw with esmtp (Seednet 4.54:1)
   id 1KlFwz-0004Ky-DQ
   for chinalaw@seed.net.tw; Thu, 02 Oct 2008 12:38:05 +0800
Received: from seed.net.tw (sn1.seed.net.tw [139.175.54.1])
   by fas27.seed.net.tw (8.13.8/8.13.8) with ESMTP id m924c4YM006235
   for <chinalaw@seed.net.tw>; Thu, 2 Oct 2008 12:38:05 +0800
   (envelope-from chhsu@msa.vnu.edu.tw)
Received: from msa.vnu.edu.tw ([192.192.43.122]:1859)
   by seed.net.tw with esmtp (Seednet 4.69:1)
   id 1KlFwy-0001rd-PB
   for chinalaw@seed.net.tw; Thu, 02 Oct 2008 12:38:04 +0800
Received: from msa.vnu.edu.tw (localhost.vnu.edu.tw [127.0.0.1])
   by msa.vnu.edu.tw (8.13.1/8.12.9) with ESMTP id m924ere7051710
   for <chinalaw@seed.net.tw>; Thu, 2 Oct 2008 12:40:53 +0800
   (CST)

```
    (envelope-from chhsu@msa.vnu.edu.tw)
From: "chhsu" <chhsu@msa.vnu.edu.tw>
To: chinalaw@seed.net.tw
Subject: Re:Fw:=?BIG5?B?uOqwVKXNrKG7UKprq9+90j8
=?= =?BIG5?B?sdCn97tQue+43KahvNI=?= =?BIG5?B?stW/
1LjfxVWw3a55vc23fA==?=
Date: Thu, 2 Oct 2008 12:40:53 +0800
Message-Id: <20081002043555.M65797@msa.vnu.edu.tw>
In-Reply-To: <725762.3191222921555671.JavaMail.root@wm7.seed.
net.tw>
References: <725762.3191222921555671.JavaMail.root@wm7.seed.
net.tw>
X-Mailer: Open WebMail 2.10 20030617
X-OriginatingIP: 203.68.90.212 (chhsu)  ——→ 原始寄件位置
MIME-Version: 1.0
Content-Type: multipart/alternative;
    boundary="----=OPENWEBMAIL_ATT_0.449198473244905"
X-Seednet: Seednet AS 2
X-PMX-Version: 5.4.4.348488, Antispam-Engine: 2.6.0.325393,
Antispam-Data: 2008.10.2.42211
X-PerlMx-Spam: Gauge=XIIIIII, Probability=17%,Report='CH
ARSET_FARAWAY_HEADERS 1.154,MIME_CHARSET_FA
RAWAY 0.409,HTML_50_70 0.1,FROM_NAME_ONE_WORD
0.05,SUPERLONG_LINE 0.05,BODY_SIZE_8000_8999
0,ECARD_KNOWN_DOMAINS 0,WEBMAIL_SOURCE
0,WEBMAIL_XMAILER 0,WEBMAIL_XOIP20,__BOUN
CE_CHALLENGE_SUBJ 0,__CP_URI_IN_BODY 0,__CT
0,__CTYPE_HAS_BOUNDARY 0,__CTYPE_MULTIPART
0,__CTYPE_MULTIPART_ALT 0,__HAS_HTML
0,__HAS_MSGID 0,
```

　　循著電子郵件提供的相關線索，除原始寄件的IP位址，還可以進一步地找到更多的資料，例如<u>申登資料</u>、<u>使用紀錄等</u>。以司法機關偵查網路拍賣詐騙案件時，發現一個拍賣詐欺者的帳號，首要就是調查帳號所代表的真正身分，以及這個帳號的使用情況，通常稱之為申登資料、使用紀錄。

延伸閱讀：《申登資料》，本書第154～158頁

　　其他，還有許多重要的問題，例如紙本的議題，常見電子郵件或其他電子文件以列印的方式呈現，提出者可能會面對他造的質疑，認為這些列印文件是偽造的，甚至於可能會遭致偽造文書罪嫌之控訴。

延伸閱讀：《電子郵件的印出物》，本書第166～179頁

數位證據專家的思考點

　　綜合上述說明，<u>當拿到一份電子郵件檔案或印出物，必須思考下列要點：</u>

注意事項	細部內容	備　註
信件內容	寄件者、收件者、標題、內容、時間、廣告、時區、網頁網址編碼等	若為紙本，則隱藏性資訊無法知悉
帳號資料	申登資料、使用紀錄	通常必須向第三人，如ISP業者行文調閱
紙本	應注意是否有事實能證明紙本是真的，例如保留原本。	雖不可證明其為真，然可證明其為假

● 電子郵件的回覆與轉寄

一、寄件者與收件者相同？

> 若寄件者與收件者均是相同的人A，是指自己寄給自己嗎？所以應該只有A收到，B、C、D等其他人不會收到？寄送電子郵件，如果不顯示收件者訊息，應顯示為Undisclosed Receipents方為正常嗎？

一般寄件者與收件者相同的情況有二：

(一) 親密關係：

兩人共用相同帳號與密碼，有親密信件時，進入相同信箱讀取即可。

(二) 密件收受者：

有時候要寄給很多對象，收件者中若有女性，常常會發生女性收件者抱怨，將其電子郵件帳號暴露給其他人，恐生困擾，擔心無聊人士寄件給她。因此，許多郵件寄送者都會自己寄給自己，其他收件者不放在正本收受者，也不放在副本收受者，而以「密件收受者」為之。如此一來，一方面自己可以收到，驗證信真的有寄出去，一方面也可以避免收到的朋友彼此之間得知誰是收件者。因此，不顯示收件者的訊息，並非僅限於Undisclosed Receipents。

　　不過，法官的見解特殊，認為上開情況之原因，是A收到別人的電子郵件後(A為收件者)，未加載任何文字，而隨即自同一信箱再「轉寄」他人電子郵件信箱(即為轉寄之電子郵件之「寄件者」)，故而在受轉寄之第三人開啓時會顯示收件者與寄件者均同一人。

《臺北地方法院92年度訴字第1411號刑事判決》

(三) 分析：

　　這位法官的見解實在很特別，若為轉寄，正常情況下，收件者應該還是會顯示別人，而不會顯示收件者與寄件者均為同一人。

　　除非跟下頁寄信之流程示意圖一樣，轉寄的時候，也將收件者設定為自己，其他收件者則放在密件收受者。信件標題即會出現「Fwd：」(或Fw：)的字樣，也就是Forward轉寄的簡稱(Fwd：通常也可以刪除或修改)，寄件者與收件者也會相同。(請參閱下頁示意圖)

轉寄(寄件者與收寄件相同)流程示意圖

① 金石堂寄來的一封信，收件者是：chinalaw@seed.net.tw

② 將金石堂寄來的信，轉寄給收件者是：jackiechien@hotmail.com

148

③

Fwd: 紅利雙倍送限時2週,2008最後機會!

寄件者:　　**chinalaw@seed.net.tw**
　　　　　🛡 寄件者不詳。　標記為安全 ｜ 標記為不安全
寄件日期:　2008年10月19日 上午 03:42:00
收件者:　　jackiechien@hotmail.com

======Original Message======
寄件者:金石堂網路書店-會員通知 <service@edm2.dks.com.tw>;
收件者:chinalaw@seed.net.tw;
日期:Sun Oct 19 09:16:46 CST 2008
主旨:紅利雙倍送限時2週,2008最後機會!

> jackiechien@hotmail.com
> 信箱中,收到來自於chin-
> alaw@seed.net.tw的信

④

寫信 (若閒置10分鐘,系統會自動將您編輯中的郵件儲存為草稿)

送出	儲存為草稿	取消	單封信件大小須小於 10.0

收件者	chinalaw@seed.net.tw
副本	
密件副本	jackiechien@hotmail.com
主旨	Fwd:[奇摩家族]一審核成員通知信
附加檔案	上傳附檔: 　　　　　　　　　瀏

內文格式:純文字　使用HTML模式編輯

=====Original Message=====
>寄件者:奇摩家族 (club_mailer) <tw-clubs-sys@cctw.yah
>收件者:chinalaw@seed.net.tw;
>日期:Thu Oct 16 13:55:46 CST 2008
>主旨:[奇摩家族]一審核成員通知信

> 將信件轉寄給兩個人,
> 收件者是chinalaw @
> seed.net.tw,密件副本是
> jackiechien@hotmail.com

⑤

寄件者	chinalaw@seed.net.tw	加入通訊錄
收件者	chinalaw@seed.net.tw;
日期	2008/10/19 12:04
主旨	Fwd:[奇摩家族]一審核成員通知信

=====Original Message=====
>寄件者:奇摩家族 (club_mailer) <tw-clu
>收件者:chinalaw@seed.net.tw;
>日期:Thu Oct 16 13:55:46 CST 2008
>主旨:[奇摩家族]一審核成員通知信
>
>親愛的kf0630:
>
>您好!

⑤chinalaw@seed.net.tw的信箱中,收到寄件者與收件者都是chinalaw@seed.net.tw的電子郵件,沒有顯示密件副本者。

⑥

⑥jackiechien@hotmail.com信箱中,收到寄件者與收件者都是chinalaw@seed.net.tw

二、什麼是轉寄及回覆？

轉寄，是指收件者收到信件之後，將內容原封不動，或修改後轉寄給其他人。一般而言，轉寄的信件，信件標題上會出現「Fwd：」或「Fw：」的字樣。

與轉寄相關聯的概念是「回覆」，是指收到他人的信件後，並無轉寄其他人，而是回覆給寄件者，或者是回覆給該信件上頭所有的收件者。一般而言，信件標題上會出現「Re：」的字樣，也就是Reply的簡稱。

但是，即便出現「Re：」的字樣，還是可以在寄件前，經過修改收件者的方式，讓收件的人並不是原始寄件者。

所以，無論信件標題所顯示之字樣是「Fwd：」、「Fw：」或「Re：」，其所代表之意義可作為案件事實之輔助證明之用。因為仍有可能遭到修改，故不宜作為主要或唯一之證據。

!	0	▽	寄件者	主旨	收件日期
			郭小辰	圖解法學緒論	2011/7/28 下...
			百夜	申請 [圖解憲法] 增補資料平台	2011/7/30 下...
			百夜	Re: 申請 [圖解憲法] 增補資料平台	2011/7/31 下...
			百夜	Re: 申請 [圖解憲法] 增補資料平台	2011/7/31 下...
			玉琴 葉	RE: FW: RE: FW: 諸教問題	2011/8/1 上午...
	0		彭穎謙	第二次通知(己回覆者請不必理會) *邀請函* ...	2011/8/2 下午...
!			nankimo	、渾燈堤坫掛☆ 曖鐵哹促醶煬★陞◎リ	2011/8/2 下午...
			聽 宇智波	您有意寫"圖解民事訴訟法"一書嗎?	2011/8/3 下午...
			佳容 蔡	:(	2011/8/4 下午...
			Peg Huang	Fwd: 回覆: 回覆: 有關鏡同學....	2011/8/5 上午...
			yuchayuan285@yaho...	增補平台服務上了，註冊時的帳號	2011/8/5 上午...
			Mark Tsai	Re: 通訊錄──０７０８更新	2011/8/5 下午...
			陳湘蘋	這年頭拼的就是經驗^^	2011/8/8 下午...
			Jane.Chiou邱璦慧	FW: FW: 好笑	2011/8/9 下午 01:...
			jinqhsu.tw	請問國中公民刑法問題	2011/8/10 下...
			飆宿		2011/8/10 下...
			飆宿	回覆	2011/8/10 下...

轉寄

Fwd: 紅利雙倍送限時 2 週，2008最後機會！

寄件者： **chinalaw@seed.net.tw**
　　　　　🔵 寄件者不詳。　標記為安全 ｜ 標記為不安全

寄件日期： 2008年10月19日 上午 10:42:00
收件者： jackiechien@hotmail.com

―――Original Message―――
寄件者:金石堂網路書店-會員通知 <service@edm2.dks.com.tw>;
收件者:chinalaw@seed.net.tw;
日期:Sun Oct 19 09:16:46 CST 2008
主旨:紅利雙倍送限時 2 週，2008最後機會！

親愛的會員您好：

金石堂網
消息：10
100元送1
得！查看

每本書可

Fwd或Fw的信件，通常是代表寄件者將他人的信件轉寄過來。
不過，沒有此字樣的信件不代表一定就不是轉寄，有此字樣的信件也不代表一定就是轉寄，因為都可以修改。

在信件內容方面，轉寄信件也會將他人寄給寄件者的原始信件內容保留下來，也會顯示出原始寄件者的訊息。
如右圖，Original Message底下就顯示出原始寄件者的訊息。

回覆

寄件者： jackiechien@hotmail.com ✓
收件者： chinalaw@seed.net.tw
主旨： RE: 這是一封測試回覆「Re：」的信件
　　　 顯示純文字

✂ 🗐 🗐 ｜ 字型樣式 ▾ 字型大小 ▾ ｜ **B** *I*

> Date: Sun, 19 Oct 2008 12:25:24 +0800
> From: chinalaw@seed.net.tw
> To: jackiechien@hotmail.com
> Subject: 這是一封測試回覆「Re：」的信件
>
> hi, JackieChien:
>
> 收到這封信後，
> 請立即回信給我，
> 以代表你有收到這封信
>
> Chinalaw敬筆

寄件者 Chien Jackie <jackiechien@hotmail.com> ｜ 加入通訊錄
主旨 RE: 這是一封測試回覆「Re：」的信件

> Date: Sun, 19 Oct 2008 12:25:24 +0800
> From: chinalaw@seed.net.tw
> To: jackiechien@hotmail.com
> Subject: 這是一封測試回覆「Re：」的信件
>
> hi, JackieChien:
>
> 收到這封信後，
> 請立即回信給我，
> 以代表你有收到這封信
>
> Chinalaw敬筆

❶收到chinalaw@seed.net.tw信件後，立即回覆　➡　❷收到一封含有「RE：」來自於jachiechien@hotmail.com的回信

● **申登資料**

一、什麼是申登資料？

　　電子郵件的申登資料，即所謂電子郵件帳號使用人的申請登記資料。指使用者當初向特定業者申請登記時所填寫的個人資料，通常會包括姓名、性別、地址、電話、電子郵件等，甚至於有些還有身分證字號。

　　例如雅虎奇摩提供免費帳號申請，其申請畫面如下：

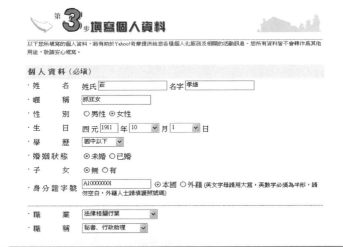

如左圖，申請雅虎奇摩帳號時，會要求提供姓名、暱稱、性別、生日、學歷、身分證字號等資料。
但是這些資料的真實性是容易讓人存疑的，所以必須透過其他資料的分析比對，以追查真正的使用者資料。

　　調閱申登資料，通常必須向ISP業者調閱，常見者如Hinet、Seednet、Yahoo等，這些國內的ISP業者，一般都會遵循國內的法令，配合司法機關提供客戶資料。國外的系統業者，如Hotmail、Google等，基於國際合作、防制電腦犯罪之目的，通常也會提供客戶資料。

　　然而，仍有些許的國外ISP業者或其它網路服務提供業者，則因為管轄權之問題，實質上會有調閱不到資料的困難。例如伺服器架在國外，使用者的資料未必能順利取得。

二、電子郵件帳號查無此人案

　　實務上曾有當事人以影印的雅虎電子郵件作為證據，反遭他造當事人指稱係遭偽造，而遭到檢察官以偽造文書等罪起訴。

　　檢察官調閱該雅虎帳號，雅虎回函內容如下：

> 　　關於　貴署來函查詢本公司會員帳號○○○相關登錄與使用資料乙節，經查本公司無此會員帳號，惠請　貴署再次確認。

　　然而，有沒有可能原本帳號存在，事後帳號卻查不到的情況呢？

　　首先，電子郵件確實有可能是偽造的，但尚未釐清無此帳號之原因前，並不能就此證明「絕對」是偽造的，請先看下圖有關雅虎奇摩服務中心的網頁說明：

問　如何刪除不想使用的帳號？

答　很抱歉，目前Yahoo!奇摩尚未提供刪除帳號的功能。若您不希望繼續使用Yahoo!奇摩帳號，您只要一年內不登入您的帳號，該帳號即會自動無效。　

一旦您的帳號停用，您將無法查詢該帳號以前儲存的任何資料。

請注意：
若您超過四個月沒有登入電子信箱，則您的電子信箱功能將停止使用。一旦停用電子信箱功能，您將無法查詢該電子信箱以前儲存的任何資料。
若您的帳號尚未停用，您仍可重新啟用您的電子信箱。

　　首先，上圖①的部份「若您超過四個月沒有登入電子郵件信箱，則您的電子信箱功能將停止使用」。當使用者一段期間沒有使用電子郵件帳號之後，使用者自己本身將無法查詢該電子信箱以前儲存的任何資料。

　　上圖②的部份「只要一年內不登入您的帳號，該帳號即會自動失效」。因此，有可能因為帳號過久沒有使用，導致系統已經將帳號資料刪除，這時候即使司法機關向雅虎奇摩調閱資料，也可能因為期間過久而帳號未能存在。

　　因此，查無此帳號，並不表示帳號資料自始即未存在過。本案例為雅虎奇摩所發生的情況，其他ISP業者是否也有類似情況，端視各系統業者對於使用者帳戶的管理政策。

三、實務觀點

　　針對「電子郵件帳號查無此人案」，查無此帳號，就代表沒有嗎？該案之實務見解整理如下：

奇摩雅虎證人(法務人員)

　　…我們的資料庫沒有○○○帳號的資料，可能過去有這個資料，但1年沒有登錄，系統就會刪除；也有可能是從來沒有這個帳號註冊過…如果是超過12個月，使用者所有的資料都會被刪除，他所有的相關東西包括刪除的日期，我們都不會保留…尚無法確認○○○帳號自始不存在。

法院見解

　　本院尚無法確定該○○○電子郵件信箱是否曾為他人申請使用，然既然查無任何該○○○電子郵件信箱之申請資料，即無從獲致該信箱係有人申請使用之確信，更無法認定○○○電子郵件信箱係告訴人或○○○所申請使用。

　　……(參酌鑑定結果、ISP業者之法務人員陳述)

　　顯見無論係電子郵件帳號、電子郵件內容本身係可輕易偽造、變造，則在告訴人、○○○均堅詞否認如附件一所示之電子郵件為彼等所書寫往來之情況下，若無強而有力之積極證據，實難遽認該電子郵件為真實。

(台北地方法院95年訴字第1606號刑事判決)

延伸閱讀：《雅虎奇摩法務擔任專家證人案》，本書第42～43頁

四、律師的思考點

1	當調閱不到相關帳號資料時，並不代表該帳號自始即未存在，有可能是因為帳號過久未使用而遭停用或刪除。
2	若當事人以帳號不存在而主張提出人有偽造文書之嫌時，電子郵件提出人之律師可以依據前開分析之內容作為答辯。
3	電子郵件提出人之律師也可以再請法院發文予系統業者，要求說明是否帳號不存在的原因為何？是否自始即不存在？有無可能是刪除後未留下任何紀錄？或刪除後即無法還原？
4	其次，也可以請法院傳喚業者之系統管理人員到庭說明，以釐清案情。唯系統業者可能會派法務人員出庭說明，法務人員固然為ISP業者之代表，然而未必熟悉資訊系統之運作，而能確實了解上述情況，故有可能提出錯誤的說明，詢問證人時，應特別加以注意，尤其應針對其證人資格加以審查。

延伸閱讀 《數位鑑識專家》、《專家證人》，本書第38～41頁。

● 使用紀錄

一、什麼是電子郵件的使用紀錄？

電子郵件的使用紀錄，主要是紀錄電子郵件帳號使用者登入、登出、寄送信件等行為之紀錄。這些紀錄都存在於郵件服務提供者的伺服器中，例如雅虎奇摩提供的電子郵件服務，則相關使用紀錄可以向雅虎奇摩調閱；如果使用者自己或所屬公司有進行網路監控，如高科技公司多會進行內部監控，也會將電子郵件寄送的相關紀錄留存下來。

因此，前述使用紀錄，可以找到許多的資訊。如果想要找出電子郵件的使用紀錄，基本上可以考慮下列方向，找到電子郵件的相關資料：

主　　體	紀　　錄	內　　　容
電子郵件服務提供者	有	視情況，Webmail常會留存在網路郵件伺服器中。
使用者所屬公司	有	視情況，依據網路監控設備之設定而有所不同。
使用者自己	原則無	例外有，如郵件軟體的「寄件備份」，使用寄送郵件時，有時會留下備份在郵件軟體中，通常會存放在「寄件備份」的資料夾中。

【實務追緝：木馬信件不是我寄的！】

　　某位當事人志明的電子郵件帳號遭駭客入侵，駭客趁志明尚未察覺之際，以志明的電子郵件帳號，寄送信件主旨為「台灣最淫蕩的美女照片，有興趣的進來看」，給志明通訊錄中的所有聯絡人。該信件除了含有木馬惡意程式外，還有一個內容猥褻的文字檔案。

　　許多志明的朋友相當警覺，收到這封木馬郵件後，趕緊通知志明帳號遭盜用，可能電腦遭到木馬入侵。志明得知後，趕緊發了一封信給所有的朋友，聲明先前的木馬郵件非其所寄，應該是駭客盜用其帳號，避免讓一些信任志明的朋友，毫無戒心地點選了附加檔案中的木馬程式。

　　事情本來應該到此為止，可是，志明的通訊錄中有一位聯絡人春嬌與其交惡，收到了這封信非常生氣，逐向檢察官提出檢舉，認為被告觸犯刑法第235條第1項規定之妨害風化罪。

　　如果志明是你的律師，該怎麼幫助志明呢？

二、思考點：

A	若這封信確實是從志明的電子郵件信箱寄出，該怎麼證明不是志明所寄？（註解①）
B	電子郵件中能透露出什麼蛛絲馬跡？你該怎麼替志明辯護？

三、研判過程：

(一)、查詢信件來源IP

　　向ISP業者調閱使用紀錄，可以查到這封電子郵件發送的IP位址。本案例經向雅虎公司調閱後，信件來源的IP為「222.78.87.51」，這個IP位址的網段，經以APNIC之Whois查詢結果，屬於中國通訊福建省網路所有。

```
inetnum:     222.76.0.0 - 222.79.255.255
netname:     CHINANET-FJ
descr:       CHINANET fujian province network
descr:       China Telecom
descr:       No1,jin-rong Street
descr:       Beijing 100032
country:     CN
admin-c:     CH93-AP
tech-c:      CA67-AP
changed:     hm-changed@apnic.net 20031024
mnt-by:      APNIC-HM
mnt-lower:   MAINT-CHINANET-FJ
mnt-routes:  MAINT-CHINANET-FJ
remarks:     This object can only modify by APNIC hostmaster
remarks:     If you wish to modify this object details please
remarks:     send email to hostmaster@apnic.net with your
remarks:     organisation account name in the subject line.
status:      ALLOCATED PORTABLE
source:      APNIC
```

註解：

　　①入侵他人電子郵件帳號後，再登入他人信箱，以他人名義，寄送惡意郵件，主要是利用受害者朋友對於受害者的信任，所以也屬於「社交工程」的一種攻擊型態。此外，還有一種盜用模式，並不入侵他人信箱帳號，而是直接以假冒他人電子郵件帳號為寄件者，寄送惡意郵件。

取得相關資料後，就必須進行研判。基本上，一般人寄信的來源IP在大陸，其實際所在位置原則上應該是在大陸地區。志明那個時候是否人在大陸地區呢？

(二)、查詢入出境資料

這時候可以再進一步調閱其「入出境資料」，暸解寄信的時間點，志明是否有前往大陸地區？如果沒有，原則上可以推定應該不是志明所寄送的信件，確實有可能是駭客取得其帳號密碼後，從大陸地區寄送該電子郵件給告發人。

如此一來，志明辯稱「前開電子郵件非其所發，而係電腦駭客竊得其通訊資料後，擅自寄予告訴人」，就有事證可以佐證了。

《台北地方法院檢察署檢察官96年偵字第16963號不起訴處分書》

四、本案所需調查之證據

該不起訴處分書，針對電子郵件之部分，共調查下列事證：

項　目	用　途
電子郵件使用紀錄	調查電子郵件的來源
APNIC之Whois查詢結果	電子郵件來源IP之網段屬何人所有。
入出境紀錄	比對當事人是否有可能在特定時間內，前往該網段所屬區域。

五、本書見解

即便證明來源IP來自大陸，還是有可能是志明所發的電子郵件，基本上可以朝幾種可能性判斷：

編號	項　目	內　　容
1	遠端操控	因為現今的科技，可以利用遠端操控的技術，志明仍有可能自台灣連到某中國的電腦，然後從被控制的電腦發出信件。如此一來，雅虎所顯示的使用紀錄，來源IP還是大陸。 因此，可以針對志明所使用的電腦進行鑑識，分析是否有遭到入侵竊取資料的可能性。例如電腦鑑識後，發現確實有木馬類型的惡意程式，經測試後，若該木馬類型的惡意程式與寄送電子郵件有關，則可以佐證志明的辯解。（註解②）
2	竄改來源IP	有些隱藏或竄改自己IP的方法，可以阻礙執法者的追查。
3	教唆大陸人士犯罪	如果要掩飾自己的犯罪行為，而教唆他國人士進行違法行為，因為我國的司法處境，跨國犯罪的調查稍具困難。

　　雖然本案不起訴處分書的內容，顯示檢察官未進行較為細部的調查，不過對於此種小案件，實在沒有必要花費過多偵查資源。尤其是木馬入侵，非常常見，帳號被盜用的案件更是滿坑滿谷，除非案情相對上較為重大，否則檢察官所做的調查已經足夠了，並沒有必要做到理想中的調查過程。以下表格中「理想調查內容」，只是作為調查過程中之參考，提供特殊重要型犯罪之思考方向。

檢察官調查內容	理想調查內容
電子郵件使用紀錄	電子郵件使用紀錄
APNIC之Whois查詢結果	APNIC之Whois查詢結果
入出境紀錄	入出境紀錄
	鑑識志明的電腦有無木馬程式
	鑑識志明的電腦有無遠端操控程式或其他駭客程式
	志明是否有教唆他人寄送此封惡意郵件，或其他類似之犯行

【其他使用紀錄：違法下注運彩案】

運彩科技公司前襄理利用職務之便與系統漏洞，重開運彩賭盤下注，檢方發現電腦系統中共有十次重開賭盤紀錄，其中三次疑為林昊緕預謀測試所用，並未下注，另外七次則有下注，總計贏得彩金373萬元。

註解：⋯⋯⋯⋯⋯⋯⋯⋯⋯⋯⋯⋯⋯⋯⋯⋯⋯⋯⋯⋯⋯⋯⋯⋯⋯⋯⋯⋯⋯

②還要更進一步地說明。即使針對志明所擁有的電腦進行鑑識後，發現沒有遭到入侵，也並不代表志明的帳號密碼沒有被偷。因為，有可能志明曾經在某台公用電腦中使用信箱，該公用電腦遭到入侵植入木馬程式，導致志明在使用過程中，帳號密碼遭到駭客竊取。

電子郵件

● 電子郵件的印出物

《 實案測試─找出問題點 》

先來看一個範例（由實際案例改編），這封信是以hotmail收取一封來自yahoo的電子郵件，請找出其中的可疑點：

◎ 疑點：2個　　　◎ 時間：50分鐘　　　◎ 提示：時區

> From：Jackie Chien<jackiechien@yahoo.com>
> To：kf0101<kf0101@hotmail.com>
> Subject：Re：Happy New Year
> Date：Fri, 4 Jan 2008 07:19:39 +0100(BST)
>
> 信件標頭

> Hi,
> I was a good girl on New Year's Eve.
> Let me know your schedules when you're back to Taiwan Sincerely,
>
> Jackie
>
> 信件內容

> Want to chat instantly with your online friends? Get the
> FREE Yahoo! Messenger http://uk.messenger.yahoo.com
>
> 廣　告

本案中，只有一張紙，沒有留下電子檔。聰明的你，從這一封信裡，可以找到什麼有問題的地方嗎？(有問題的地方，不一定代表是偽造，也許只是異於一般信件的外觀。)先不要往後看答案，試著自己找找看，研究一下這封信顯示出來的特殊資訊，是否可以找到有問題的地方。（註解①）

註解：……………………………………………………………………………

　　①每一種Webmail的格式基本架構雖然相同，但是細部的內容並不一樣，而且即使是相同Webmail，因為新舊版本也會有所不同。

疑點一：BST？

BST是英國夏令時間的縮寫，British Summer Time (BST) - UK Daylight Saving Time。夏令時間是從3月的最後星期日至10月的最後星期日。請先看下列網頁的介紹：

British Summer Time Rule

From the last Sunday in March until the last Sunday in October the UK moves its clocks forward from <u>Greenwich Mean Time</u> by one hour (GMT+1). This is known as British Summer Time or BST for short. The UK is the United Kingdom of Great Britain and Northern Ireland. Great Britain consists of England, Wales and Scotland. Since 1996 all clocks in the European Union, of which the UK is a member state, have changed on same dates and at the same time, 1am GMT.

- ☐ Starts: Last Sunday in March
- ☐ End: Last Sunday in October
- ☐ Time: 1.00 am (01:00) Greenwich Mean Time (GMT)

When is British Summer Time 2008?

Year	BST Begins 1 am GMT / 2am BST	BST Ends 1 am GMT / 2 am BST
2008	30 March 2008	26 October 2008

《資料來源：http://wwp.britishsummertime.co.uk/》

由此網頁的說明，可知英國夏令時間有其特定的時段，在此時段以外的信件，卻出現「BST」的字樣，則有可能是偽造。當然，也不排除ISP業者的郵件伺服器本身就是如此設定？可能還必須進一步的查證，或請電子郵件服務提供者說明。

總之，時區也是佐證紙本真偽之重要查證依據。

回到本文的範例，發現問題了嗎？

在信件標題中，先找到BST的位置，找到問題點了嗎？

From：Jackie Chien<jackiechien@yahoo.com>
To：kf0101<kf0101@hotmail.com>
Subject：Re：Happy New Year
Date：Fri, 4 Jan 2008 07:19:39 +0100(BST)

信件標頭

在信件標頭處，有一段《Fri, 4 Jan 2008 07:19:39+0100(BST)》的文字。

粗體字的部份，代表時區是BST，也就是前述的英國夏令時間。因為英國夏令時間是從3月的最後星期日至10月的最後星期日，查2008年的日曆，是3月30日至10月26日，也就是3月30日00:00開始，時鐘撥快一小時至01:00；於10月26日01:00結束，時鐘撥回00:00。

《Fri, 4 Jan 2008 07:19:39+0100(BST)》

可是這封信卻是1月4日所寄送，信件的真實性有疑義，這是第一個問題點。

疑點二：電子郵件的時區

以Yahoo所提供的免費電子信箱為例，由於Yahoo在世界各地都有分公司，也依據不同的國家而有不同的電子郵件帳號分類，例如：

aaa@yahoo.com.tw　→ 台灣雅虎申請的帳號
aaa@yahoo.com　　 → 美國雅虎申請的帳號
aaa@yahoo.com.uk　→ 英國雅虎申請的帳號

以下是一封收到yahoo.com.tw寄來的信件,時區則為 +0800(CST),廣告則為台灣地區的廣告「您的生活即時通—溝通、娛 樂、生活、工作一次搞定!http://messenger.yahoo.com.tw」:

❶ 顯示時區:+0800(CST)

❷ 寄件者來源:yahoo.com.tw

❸ 廣告內容:台灣地區的廣告「您的生活即時通—溝通、娛樂、生 活、工作一次搞定!http://messenger.yahoo.com.tw」

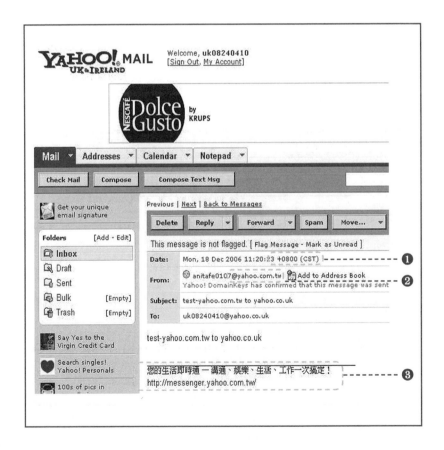

以下是一封收到yahoo.com寄來的信件，時區則為-0800(PST)，
廣告則為美國地區的廣告「Do You Yahoo? Tired of spam? Yahoo!
Mail has best spam protection around http://mail.yahoo.com」：

❶ 顯示時區：-0800(PST)

❷ 寄件者來源：yahoo.com

❸ 廣告內容：美國地區的廣告「Do You Yahoo? Tired of spam?
Yahoo! Mail has best spam protection around http://mail.yahoo.
com」

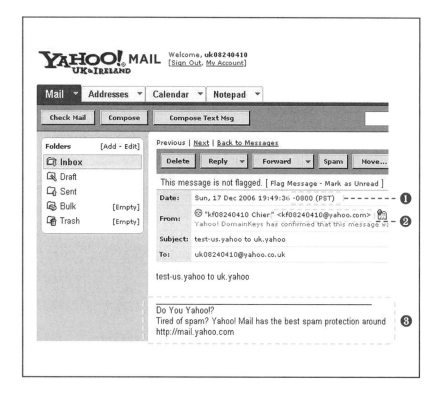

　　以下是一封收到yahoo.com.uk寄來的信件，時區則為 +0000(GMT)，廣告則為英國地區的廣告「To help you stay safe and secure online, we've developed the all new Yahoo! Security Center」 (有底線之字樣可對外連結網路，發現是英國區域的廣告)：

❶ 顯示時區：+0000(GMT)

❷ 寄件者來源：yahoo.com.uk

❸ 廣告內容：英國地區的廣告「To help you stay safe and secure online, we've developed the all new Yahoo! Security Center」(有 底線之字樣可對外連結網路，發現是英國區域的廣告)

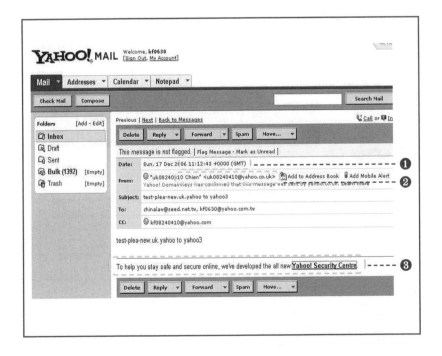

由上列三個範例可以知道，申請信箱帳號，會與時區、廣告有關聯性。台灣的yahoo帳號，原則上會出現台灣的時區，以及台灣的廣告。同樣地，美國、英國或其他國家的yahoo帳號，也是有一樣的結果。

帳　號	時　區	廣　告
台灣	台灣	台灣
美國	美國	美國
英國	英國	英國

接著要思考一下，有沒有可能出現兩個不同時區的地點，例如台灣的yahoo帳號，卻出現-0800(PST)，以及美國的廣告呢？

上圖是筆者實際測試的結果，這是如何製作出來的呢？偽造嗎？

不是。話說多年前，還記得Yahoo一開始提供的服務才6MB空間大小，聽聞美國要率先變成100MB，引發台灣網民不滿被視為次等公民。於是有網友表示可以透過「語言選項」的設定，改成美語，即可同步成為100MB，只不過介面都變成英文了。此外，也會產生上圖的結果。

目前「語言選項」的設定，已經無法從雅虎奇摩信箱中找到，但是網路上還是可以連上特定網址《http://edit.yahoo.com/config/set_intl?》，藉此進行設定，如下圖：

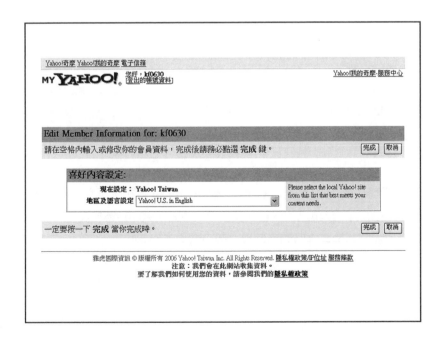

回到本文一開始的案例，如下圖：

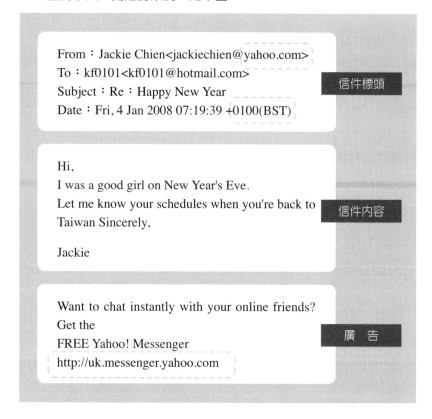

From：Jackie Chien<jackiechien@yahoo.com>
To：kf0101<kf0101@hotmail.com>
Subject：Re：Happy New Year
Date：Fri, 4 Jan 2008 07:19:39 +0100(BST)

信件標頭

Hi,
I was a good girl on New Year's Eve.
Let me know your schedules when you're back to
Taiwan Sincerely,

Jackie

信件內容

Want to chat instantly with your online friends?
Get the
FREE Yahoo! Messenger
http://uk.messenger.yahoo.com

廣 告

照前述情況的推論，yahoo.com的信箱帳號，應該不會出現
+0100(BST)，及英國的廣告。英國為+0000，+0100應非英國。但是
否因為BST英國夏令時間而撥快一個小時，不得而知。

● Webmail網頁網址編碼數字

　　電子郵件伺服器為了要辨識電子郵件，網址上會有一些以亂數呈現的的數字，這些數字的呈現方式與時間是否有關聯性，是時間愈往後，數字就會愈大嗎？還是時間愈往後，數字愈小？或者是根本與時間無關，有時變多、有時變少呢？這牽涉到每個系統之設計不同，照理來說若是與時間並無一定的關聯性，當然遭到破解的可能性更低。現在大多數的郵件系統，都無法閱覽到此一電子郵件之網址，透過隱藏的方式讓電子郵件更加地安全。

網址編碼數字

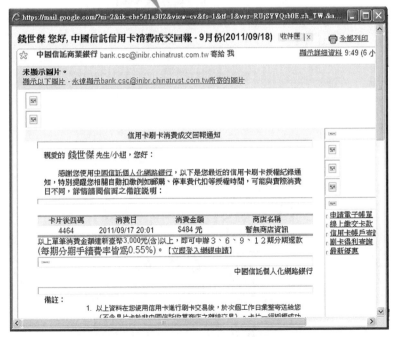

【相關實務見解】

依證人黃x湘(雅虎法務人員)於原審審理時所證稱：伊和公司之工程人員確認過，電子郵件製作時就會由系統自動編碼，在列印時若係在電子郵件上按右鍵開新視窗進行列印，上方會顯示URL（網址），裡面有編碼，原則上電子郵件製作完成在前的號碼就會比較小，雖然是亂碼，也會按照系統編碼排列，如果沒有邏輯會很亂等語，可知日期在先之電子郵件，其上方若出現網址，其網址中之編碼，較諸日期在後之電子郵件之網址編碼，數字會較小。

惟觀諸2002年2月16日6時39分10秒該封電子郵件其上方網址之編碼為60918，然同年月7時38分49秒該電子郵件，編碼卻為18391，出現電子郵件日期在前者，編碼卻較大之不合常理現象，經原審提示予證人黃x湘辨識，證人黃x湘亦證述上開情形與常理有所出入。

《高等法院97年度上訴字第2310號刑事判決》
《台北地方法院95年度訴字第1606號刑事判決》

我該不該讓這位法律人繼續在法庭上亂講資訊專業的事項呢？

反正你不懂，他不懂，我就是專業了！

法 官

法務人員

一、其他實例：日本堀江電郵事件

電子郵件

【案例事實】

這一則在日本發生的實際案例，前總統陳水扁先生也曾經提過，警告政敵不要亂爆料。本案主要是強調數位證據的真實性，如果沒辦法證明真實性，單以一「紙」E-mail，可能會嚴重出糗，甚至於導致下台或被告的命運。

日本也是有類似邱毅的政治人物，稱之為永田壽康，一位政壇的帥哥。他指稱網路公司「活力門」（Livedoor）的總裁堀江貴文，代表自民黨參選眾議員時，曾經以E-mail指示屬下，將3,000萬日圓，以選舉顧問費名義，匯款給自民黨幹事長武部勤的二男。永田壽康認為該E-mail可信度很高，遂提出質詢，並要求國會進行調查。（網路上流傳的電子郵件如下圖）

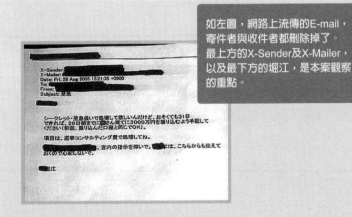

如左圖，網路上流傳的E-mail，寄件者與收件者都刪除掉了。最上方的X-Sender及X-Mailer，以及最下方的堀江，是本案觀察的重點。

當事人對於永田壽康的指控，嚴詞否認有此一事實，日本首相小泉也認為證據不足，拒絕進行調查，並反駁表示電子郵件誰都可以偽造，請先證明這一封電子郵件的真實性。

◎ 三項破綻

日本諸多好事民眾紛紛發揮偵探卡通片主角柯南的精神，主動參與E-mail的分析工作，終於找出了三大破綻：

編號	永田壽康提出的電子郵件	發現破綻原因
1	使用Eudora舊版軟體	堀江貴文使用最新版的Eudora
2	有署名	從不署名
3	本案例中X-Sender的字體大小是51pix，X-Mailer的字體大小是47pix。	X-Sender與X-Mailer應該相同大小

在全民的批判與質疑下，民主黨也無法證實該信件之真實性，永田壽康只好黯然地公開道歉並接受處分。看完這則實際案例後，你是否也認為一張紙，也可以當作法院的呈堂證供嗎？

二、雖不能證明其為真，然能證明其為假

必須強調一點，上述仍是在質疑的階段，主要是強調，即使是紙本仍然找出許多可疑的蛛絲馬跡。雖不能證明紙本為真，然有機會證明其為假。但提出相關質疑後，進一步正確的解答，仍待網路郵件服務業者提供更詳細的資料，始能瞭解之。

但上述的內容，通常不必依靠送請鑑定，因為如果是數位鑑識的單位，一般來說，不會查證的這麼細密，也因為無法瞭解網路郵件服務業者的系統如何設定，當然也無法做出具體的結論。前述第140頁，亦曾引用一段鑑識報告的結果，可供瞭解鑑識單位的作法：

> 判斷一封電子郵件是由何處寄出，無法從寄件者或是郵件帳號位址判斷，因為這些均可輕易造假。事實上每封電子郵件均有檔頭(網際網路標題)，內容包含寄送此封郵件之電腦名稱、IP位址、寄送時間及信件傳送過程中經過的郵件伺服主機，故唯有透過郵件的檔頭資料才能判斷該封信件是由那一台電腦寄出（但無法據以判斷為何人所寄）。
>
> 由於本案案發時間過久(超過6個月以上，網路服務業者未保留相關稽核紀錄)、無檔頭資料、來源寄件者名稱(如本案 之○○○）及電子郵件帳號名稱(如本案之○○○@yahoo.com)可輕易偽造等問題。就現有資料來分析，尚難依據本案附件郵件內容，據以推斷是否為某人所寄送或寄件來源真偽等問題。
>
> 《警政署刑事警察局94回覆法院函》

因此，若是完全依賴鑑識機關的鑑定結果，有時會令人失望。

2.

電腦稽核紀錄檔

● 基本概念

一、名稱之釐清

　　政府機關、民間機構為了維護自身的資訊安全，針對各類型入侵、竊取之來源，都會藉由電腦稽核紀錄檔留下紀錄。電腦稽核紀錄檔，一般稱之為log files，也有簡稱log。實務上還有許多各種名詞，例如電腦資料檢視備忘錄、電腦歷程資料等，只要是紀錄網路行為，提供稽核分析之用的檔案，都可稱之為電腦稽核紀錄檔。

中文名稱	電腦稽核紀錄檔
英文名稱	log files、log
其他名稱	電腦資料檢視備忘錄、電腦歷程資料、歷史稽核檔、電腦紀錄檔…等

二、個人資料保護法

> ＊＊＊《施行細則第5條》＊＊＊
> 　　「本法第2條第2款所稱個人資料檔案，包括備份檔案及軌跡資料。」在此將電腦稽核紀錄檔稱之為「軌跡資料」。

三、相關實務判決所引用之名稱

　　相關實務判決因個案之不同，電腦稽核紀錄檔所使用之名稱即有所不同，以下舉幾個實務判決中，有提到電腦稽核紀錄檔所使用的名稱：(註解①)

名　　稱	判決字號
網路證券密碼歷史稽核檔(log)	最高法院95年度台上字第6414號刑事判決
電腦資料檢視備忘錄、電腦歷程資料	臺北地方法院92年度訴字第2083號刑事判決
電腦紀錄檔	高等法院96年度聲再字第170號刑事裁定
防火牆之歷史稽核紀錄明細《Log Details》	高等法院95年度上易字第1767號刑事判決
電腦主機紀錄檔log	高等法院95年上易字第255號刑事判決
歷史稽核紀錄檔	高等法院92上訴字第3235號刑事判決

註解：
　　① 以上名稱因紀錄檔功能之不同，而有不同的名稱。

● 電腦稽核紀錄檔的種類

依據所屬軟硬體設備之不同，電腦稽核紀錄檔可以分成下列二種：

一、作業系統之電腦稽核紀錄檔：

作業系統方面，通常僅提供一些基本的紀錄資料，例如系統日誌、安全日誌及應用程式日誌，記錄驅動程式失效、應用程式失效、使用者登出入、檔案新增更新及刪除、應用程式執行過程等內容，所能提供的資訊較為有限。

二、防護及攻擊工具程式之電腦稽核紀錄檔

通常是為了防護資訊安全或其他特定目的，安裝硬體設備中的紀錄檔，對於各種入侵行為，能達到補強稽核工作之目的，讓系統管理者或執法人員能搜集到較為完整的證據，進而評估侵入事件所造成的損失。

以下例示兩個常見的名詞，介紹其意義：

Traffic Log	「Traffic Log」的內容，可顯示使用者「什麼時候（日期、時間）」、「來源 IP 位址」、「目的 IP 位址」、「從事活動的類型（包括傳送協定），以及網路流量等。
Event Log	「Event Log」主要是記錄內部所發生的事件，例如使用者登入、管理政策變動、韌體（註解②）更新等。通常也會記錄使用者的「來源 IP 位址」、「登入帳號」、「登入時間」與「登入成功 or 失敗的訊息」。若系統韌體變更時，也可透過「Event Log」清楚得知是「哪位使用者」、「在什麼時候」、「將韌體變更為哪個版本」等相關訊息。

首先，為了蒐集更完整的紀錄檔，律師或網管人員應指導企業儘量開啟相關的紀錄功能，愈多愈完整的紀錄檔，對於案件之偵查、分析有相當大的幫助，以免發現證據只蒐集一半的窘境。

實務上，就曾經發生過某甲入侵政府部門，在防火牆的紀錄檔中，發現某甲入侵的行為，但進入系統後，從事何種行為，因為沒有開啟相關的紀錄檔，就沒有證據可以佐證其犯行。

其次，紀錄檔應確保其可信度，不會隨意被入侵者竄改。實務上常見攻擊者入侵後將紀錄檔的時間竄改，本來是98年的攻擊行為，將攻擊時間改成100年，就算有留下紀錄，恐怕也影響其證據能力，而不能作為法庭認定事實、適用法律的依據。

註解：

②韌體：其所在是位於硬體裝置中的軟體，又可稱之為內建程式碼的硬體。像軟體一樣，他是一個被電腦所執行的程式。然而，它是對於硬體內部而言更加貼近以及更加重要的部份。例如個人電腦中的BIOS。

● 電腦稽核紀錄檔與真實性議題

一、郵件伺服器紀錄檔光碟片真偽案

　　實務上曾有被告質疑「郵件伺服器紀錄檔光碟片」之證據能力，本案顯示在93年間，即有律師已經注意數位證據的時間問題。

(一) 被告辯解內容：

　　「……其所載內容係隨時可編輯更動，且該光碟片係告訴人於90年6月6日隨同○○公司之聲請函提出予市調處，惟依本院93年1月12日之勘驗筆錄，該光碟片目錄檔中卻可看出其內載之紀錄日期包含90年6月7日，是該光碟片之來源（提出時間、提出人）及內容均有疑問，顯無證據能力。……」

(二) 法院見解：

❶ 無人能自行編輯光碟片的內容

　　……至告訴人提出之郵件伺服器紀錄檔光碟片，究有無證據能力一節，依被告庚○○於調查局訊問時之供述，確有以電腦連結網路進入○○公司郵件伺服器，試圖破解該公司郵件帳戶密碼等情，且臺北市調處依據告訴人提出之上開紀錄檔資料分別函數位聯合電信股份有限公司、中華電信股份有限公司數據通信分公司所查得使用者之資料，亦與被告庚○○上開供述相符，分別有數位聯合電信股份有限公司、中華電信股份有限公司數據通信分公司查詢回覆資料……

......復參酌證人己○○即數位聯合電信股份有限公司之工程部經理於本院審理時結證稱用戶之相關資料除可供司法檢調單位查詢外，用戶只能查詢自己的連線紀錄等語......，可認除用戶本身以外之一般民眾無法得悉其他使用者之相關資料（如使用者所使用網路帳戶所屬之IP位址、使用時間等紀錄），是告訴人實無從得悉被告庚○○或被告辛○○究係使用何人所申請之網路帳戶及其位址、使用時間等相關資料，則該光碟之紀錄檔文件內容非告訴人所可自行編輯。......

❷ 日期的解釋：

......告訴人向臺北市調處提出告訴之聲請函上所記載之日期為90年6月6日，而該函係於同年6月12日送達該處（詳如前述），依卷證資料，並無其他證據可證明告訴人確係於90年6月6日即提出該聲請函並檢附上開光碟片，僅可認其提出日期為90年6月6日至同年月12日之間，即告訴人燒錄光碟資料之時間未必即在90年6月6日，則本院93年1月12日之勘驗筆錄，該光碟片目錄檔中可看出其內載之紀錄日期包含90年6月7日，即無何矛盾之處。......

《參照臺灣板橋地方法院91年度訴字第1028號判決》

(三) 法律思考點：

　　被告律師答辯重點是「所載內容係隨時可編輯更動」，其所提理由是日期不符。此一答辯方向應該是正確的，但是理由似乎並未切中要點，實際上應該著眼於「真實性」的要件，也就是數位證據的產生很可能遭偽、變造。

　　因為該證據是告訴人所提出，提出的方式應該是從防火牆、入侵偵測系統等電腦網路系統的電腦稽核紀錄檔取出，由於並非由公正第三人依據鑑識程序所蒐集的證據，從取出資料到將資料燒錄成光碟的過程，是否有經過人為的變造，即應先加以質疑。

　　因此，被告方面可參考下列答辯方式：

　　「告訴人所提之郵件伺服器紀錄檔光碟片，其內容未經電腦鑑識程序所取出，基於數位證據具有易遭偽、變造之特性，其提出過程極有可能遭告訴人竄改，而非確實由電腦、網路系統正常操作下所產生之紀錄檔案，其真實性容有疑問，應無證據能力。」

　　本案中，基於數位證據之鄰接性，有關舉證責任的部份，實在難以要求被告舉證證明該數位證據不具備真實性。因此，應由檢察官或他造證明之。問題重點在於，該如何證明該數位證據之真實性？以下提出幾點參考方向，法院亦可據此作為數位證據是否具備真實性，進而判斷有無證據能力之參考：

編 號	項 目	說 明
1	儲存紀錄檔之電腦網路系統均正常運作文件檔案	提出儲存紀錄檔之電腦網路系統均正常運作之證明，或雖無法完全地正常運作，但是並不影響所產生電磁紀錄之真實性。
2	提出資訊安全政策	藉由資訊安全政策，顯示該公司的紀錄檔獲得安全保存，任何人之存取、變更，均有完整的稽核紀錄。
3	採證過程均有紀錄	例如填寫系統內部的採證過程紀錄表，或全程錄影，以證明資料之真實性。通常大型企業對於紀錄檔的提出，都應該有一定的作業流程可以遵循。

(四) 本書見解：

或許有論者認為這些就是電腦產生的，為何還要證明其真實性，實在浪費時間、成本且欠缺效率，而且電腦已經相當普遍，如銀行業務紀錄已經制式化，幾乎不太可能發生錯誤，因此跳過真實性要求之檢驗。

不過，本書認為應該個案來判斷，例如大型企業、銀行業等較具規模制度，或者是內部電腦網路系統曾經通過資訊安全的認證，則原則上應可推定該數位資料的可信度。反之，若是中小企業或個人所提出，則可參酌其資訊能力，是否有偽、變造之能力來加以判斷。

　　法院以環境證據，證明告訴人無法自行編輯產生該光碟片中的紀錄檔資料，以佐證該紀錄檔之真實性；且無其他證據證明該紀錄檔遭到竄改，故直接推導出有證據能力之結論。參酌本判決內容，環境證據包括下列內容：

項　目	說　明
偵訊筆錄	被告承認確實有意破壞被告電腦之行為。
ISP業者連線資料	郵件伺服器紀錄檔光碟片的內容，與ISP業者的資料相符合。
	告訴人無法知悉ISP業者的資料。

　　但是，該判決並未說明郵件伺服器紀錄檔是否屬於傳聞證據，及有無遭到竄改應由何人舉證等，敘明理由未見完備，甚為可惜。

二、其他法院見解

　　告訴人大眾電信網呼PLUS異常紀錄摘要（即電腦紀錄檔log）係電腦所產生之紀錄資訊，用來記錄電腦主機所處理資訊之IP位址、使用時間及內容等，其記錄具有機械性、規律性、不間斷性之特性。況且，網路使用者帳戶所屬之IP位址等相關資料，除網路使用者本身以外，其餘一般人均無從得知，是告訴人既不知被告乙○○為負責人之聯華公司用以連接網路所使用之帳戶IP位址，自無篡改上開電腦紀錄檔之可能，且被告既未提出上揭紀錄有偽造之事證，自應認定為真實，而本院於審理程序中對上揭紀錄既已依法踐行法定調查證據程序，上揭電腦紀錄檔，自有證據能力。

《高等法院95年上易字第255號刑事判決》

● 電腦稽核紀錄檔與傳聞證據

電腦稽核紀錄檔是否屬於傳聞證據之見解紛亂。我國法院對於數位證據之概念尚未有統一之見解，且各法院未必能認清數位證據之本質，尤其是電腦稽核紀錄之概念，因此仍存在著分歧之見。

一、屬於傳聞證據之判決見解

證　據	判決內容	判決字號
中華電信數據通信分公司用戶資料	乃電信警察隊第一中隊回覆台北地檢署之附件資料，為被告以外之人在審判外之書面陳述，屬傳聞證據。	台北地方法院93年度易字第1338號刑事判決
電信使用者資料查詢回覆單	依據刑事訴訟法第159條之4第2款規定從事業務之人於業務上或通常業務過程所須製作之紀錄文書、證明文書，得為證據，且被告並未釋明該函覆之文書資料有何顯不可信之情況存在，故均有證據能力。	臺灣板橋地方法院91年度訴字第1028號刑事判決

(一) 本書見解

　　此類「中華電信數據通信分公司用戶資料」、「電信使用者資料查詢回覆單」，通常是由司法機關行文電信機關，函查使用者之申請登記（如使用人姓名、地址、電話及申請之服務內容等）以及使用紀錄（如上網時間、IP位址）之資料。受查詢單位由負責人員進入電腦系統，將相關資料查出後，以傳真或行文的方式回傳給查詢單位。

　　以上二個判決均認為用戶資料或使用者資料屬於被告以外之人在審判外之書面陳述，屬於傳聞證據，除非符合傳聞法則例外之情況，始得作為證據。惟判決內容均未詳述為何該當「傳聞」之理由，此種資料係由電腦系統所產生，是否應歸類於非屬傳聞之證據，判決中並未敘明，甚為可惜。

(二) 其他法院見解如下表：

證　據	判決內容	判決字號
發卡銀行信用卡或現金卡帳單	均為銀行承辦人員於業務上或通常業務過程中所須製作之紀錄文書或證明文書，查無其他顯有不可信之情況，且為被告所不爭執，故依刑事訴訟法第159條之4第2款之規定，亦有證據能力。	臺北地方法院95年度訴字第79號刑事判決
「工作站電腦資料檢視備忘錄電腦歷程資料」、「電腦資料檢視備忘錄」、「電腦歷程資料影本」	係連續性由機器所製作之文書，如同銀行提存款紀錄無從增刪，屬傳聞證據，符合刑訴法第159條之4第2款、第3款，除顯有不可信之情況外，從事業務之人於業務上或通常業務過程所須製作之紀錄文書、證明文書，或其他於可信之特別情況下所製作之文書，自得為本案之證據。	臺灣台北地方法院92年度訴字第2083號刑事判決、臺灣高等法院93年上易字第878號刑事判決

本書見解

　　本文認為前述無論是用戶資料或電腦紀錄，均係系統管理者透過電腦設備之設定與操作，將客觀存在之特定事實，也就是客戶資料或其他工作處理紀錄加以儲存，執法機關行文調閱後，即將客戶資料或電腦紀錄調閱後函覆查詢機關，所為之一定之主張。因此，以上所述之情形，自然屬於傳聞證據，而有傳聞法則之適用。

二、非屬傳聞證據之判決見解

證　據	判決內容	判決字號
電信業者之IP稽核資料、使用者會員資料、中華電信數據通信分公司IP通聯紀錄資料	電腦紀錄因並未涉及人的陳述，故並非屬傳聞證據，如電信業者之IP稽核資料、使用者會員資料、中華電信數據通信分公司IP通聯紀錄資料均係電腦數位資料檔案之再現，其性質屬電腦自動紀錄，不含人之供述要素，非屬供述性證據，無庸受刑訴法第159條第1項所定傳聞證據排除法則之規範。此類文書係分別由電信業者所提供，具備形式與實質之真實性，得為證據使用。	台北地方法院92年度訴字第2083號刑事判決
定存單、活期儲蓄存款取款憑條、活期存款收入傳票、放款本金（利息）收入傳票、歷史交易明細表	固均由金融機構之職員於職務上所製作，然並非以其立場或地位，就特定之事實所為之書面陳述，核其性質，乃分別就存提款、匯款、定期存款、貸款清償等交易事實，將存款人、匯款人、受款人、存提款、匯款時間、金額、幣值、存匯帳戶之號碼等事實，經由機器設備予以機械式紀錄，並列印於交易認證欄之文書，是其待證事實並非以交易申請人所填具之各式文書所對象，而係著眼於此項記載匯款人、受款人、匯款時間、金額、幣值、匯入帳戶號碼之事實，即機械設備列印於交易認證欄上所呈現之事實，並非被告以外之人於審判外之陳述，即非屬供述證據，自不受傳聞法則排除之限制。	高雄地方法院94年度訴字第1498號判決

證　據	判決內容	判決字號
通聯紀錄查詢單	此之資料乃於使用該門號之行動電話撥打或接收時，由電信公司之機房電腦自動以電磁紀錄加以儲存行動電話發話、受話之有關電話號碼、發（受）話基地台位置、發（受）話之日、時、分、秒及其耗費時間等事項予以紀錄，係就相關通聯資料經由機房電腦予以機械性紀錄，或列印供收取電話費之用，或作為證明電話發（受）話之紀錄之用，均非任何人就特定事項之體驗所為之供述，非屬供述證據，即非傳聞證據，自不受傳聞法則排除之限制。	高雄地方法院94年度易字第1930號判決
大眾電信公司遭受電磁干擾之相關資料一覽表	刑事訴訟法第159條第1項規範之傳聞法則，即禁止援用傳聞作為證據之法則，關於傳聞定義，乃「被告以外之人於審判外之言詞或書面陳述」，而依美國聯邦證據法第801條C「傳聞」之定義，係指「非於審判中作證之陳述人所為，而被提出作為證明一方主張之事項為真實之陳述」，可知，傳聞規範的為「陳述人」之「陳述」，而「陳述」之內容須是「證明一方主張之事項（即待證事項）為真實」，而電腦主機紀錄檔log，係電腦所產生之紀錄資訊，核非「陳述人之陳述」，概念上為「非傳聞」（並非傳聞之例外），自不適用傳聞法則之禁止規定，上揭辯護意旨，容有誤解，合先敘明。	高等法院95年上易字第255號刑事判決

證　　據	判決內容	判決字號
大眾電信公司遭受電磁干擾之相關資料一覽表	卷內「大眾電信公司遭受電磁干擾之相關資料一覽表」之證據能力：辯護人雖復辯稱上揭一覽表乃審判外陳述，無證據能力云云。然查卷內「大眾電信公司遭受電磁干擾之相關資料一覽表」，其上之「電腦稽核欄」、「電話通聯紀錄欄」、「電腦撥接紀錄欄」，僅是分別將證據方法-電腦主機紀錄（log）、聯華電信公司電話通聯紀錄、中華電信及數位電信之撥接上網紀錄之內容加以文字化及表格化以記載，作為便利說明之用，核非證據方法，被告及辯護人一再質疑一覽表電腦稽核欄之證據能力，尚非的論，特此指明。	高等法院95年上易字第255號刑事判決
簡訊內容資料	查三通網公司所函送之簡訊內容資料，係根據三通網公司內部機房之電腦設備所為之記錄書面，不涉及原陳述人知覺及記憶有無錯誤之問題，非屬供述證據而無傳聞法則之適用，且與本案具有關聯性，應認有證據能力。	臺南地方法院94年度易字第762號刑事判決

機器自動產生，即與人無關？

前述主張非屬傳聞證據的判決見解，似乎認為只要電腦紀錄屬電腦自動產生，或透過機器設備予以機械式紀錄，自然未涉及人的陳述，而非傳聞證據。

判決理由似乎僅強調機器設備製作文書或產生紀錄的階段，卻忽略操作者對於機器設備操控或設定之部份，而此一部分卻是機器設備運作之主要依據。

時代不斷演進，科技已經逐漸取代人工，但並不代表所產生之結果均係機器所為而與人無關。其本質仍係人利用機器設備所進行大量批次化作業，而透過機器設備所完成之工作，不但可以節省人力，更可以達到降低錯誤之結果。若判決內容斷然認為非屬人針對特定事實所為之陳述，理由顯然不備。

三、總結

❶ 實務、學說見解混亂

前述採傳聞證據或非傳聞證據之見解，顯見實務之看法混亂，但最終結果還是讓相關證據得以適用。認為是傳聞證據者，則適用傳聞法則之例外，仍得為本案的證據；如果認為不是傳聞證據者，當然不屬於傳聞證據，而得為本案之證據。

有學者見解認為通聯紀錄既係科技設備所作成，而非關人類之知覺、記憶及表達，自非屬陳述。既非陳述，即屬非傳聞，而與傳聞法則無關，當然具有證據能力，而無庸求諸傳聞法則之例外。

《林朝榮、林芸澧，傳聞法則之比較研究，文笙，2005年4月，333頁》

❷ 電腦設定是操作人員意旨之延伸

電腦稽核紀錄檔方面，核心問題也在於是否該當於「傳聞」之定義。惟傳聞要件之一，必須是「人類」之法庭外陳述，目前許多工作均由電腦設備取代人力，則從此種電腦設備所產生之紀錄，是否屬於傳聞證據即有疑義。

反對之理由，大都以「電腦所為，而非人所為」為理由，不認為是傳聞證據。惟從科技發展之歷史而言，透過電腦設備之快速處理功能，可以取代大量的人工，例如電話撥接本由人工處理，電話逐漸成為個人基本生活用品時，通話量已非人工所能處理，藉由電腦設備協助，始能順利完成工作，並可將通話紀錄(非內容)留下來，以利帳務之運用。雖然此等工作已經由電腦設備取代，惟無論從程式設計係由程式設計人員所為，或系統操作是經由資訊管理人員設定之角度觀察，此種取代仍係在人員之操控下所進行，電腦設備實係人員操作之延伸，如同工具之性質，亦屬人員意旨之延伸。從此一觀點而言，應該也是屬於人的陳述，而有進行傳聞證據認定之必要。

電腦稽核紀錄檔

3.

IP位址

● 什麼是IP位址？

一、 IP，就是網際網路通訊協定，Internet Protocol的縮寫。

二、 IP位址的格式為xxx.xxx.xxx.xxx，是由四個小於256的數字所組成，例如210.60.122.10。

三、 **IP位址，IP Address。**

　　IP Address，如同現實生活中，家家戶戶都有的地址一樣，傳送者可以根據 IP 位址，將資料傳送至指定目的。世界各地的 IP 位址必須具有一致性，才不會導致電腦系統辨識上的困難，故必須依循共同規範。目前主要使用的 IP 位址是第四版 IP 位址，一般稱為IPv4。（IPv6持續發展中）

　　當瀏覽網頁或收發電子郵件，電腦會自動傳IP位址等訊息，以利傳送網際網路資料。大部分的使用者都是使用浮動IP位址，經由各自的ISP業者之寬頻服務上網，所以每次登入網路使用的IP位址都不同。

● 網域名稱

網域名稱，Domain Name。

網域名稱，和IP有關。IP網路上的位置（軟體位址）主要是由 32 bits 的資料所組成的一組數據，一連串的數據，讓使用者難以記憶。如同衛星定位一般，如果每個人的住家都用東經25.3度，北緯35.2度來記憶，相信能記得的地址應該不多，所以地址概念應運而生，例如台北市信義路三段55號。

網域名稱也是一樣，一開始只有IP位址，但是IP位址是四組數字，實在很難記憶，因此出現了網域名稱，以方便記憶之用。

Domain Name和IP Adress之間有對應性，使用者輸入網域名稱之後，負責轉換的伺服器，即所謂的DNS Server會將網域名稱轉換成IP。舉例來說，以微軟的IE瀏覽器輸入http://tw.yahoo.com網址，電腦就由DNS來查詢http://tw.yahoo.com的IP，查到後就又回報給IE瀏覽器，接著IE瀏覽器即可透過該IP連上奇摩雅虎的網站。

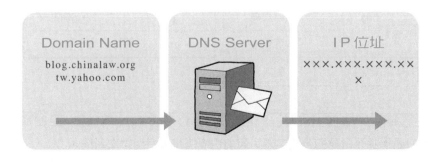

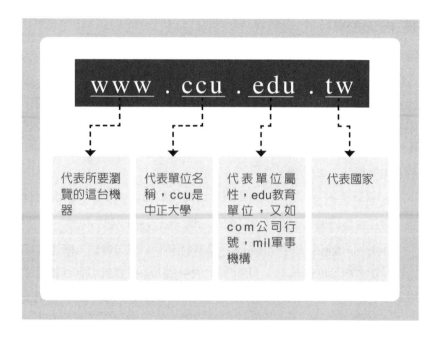

內容	單位屬性
com	公司行號
org	組織機構
edu	教育單位
idv	個人

內容	單位屬性
net	網路業者
gov	政府機關
mil	軍事機構

　　其它TWNIC（註解①）還提供game、club、ebiz等類型。至於單位名稱除了常見的英文之外，目前也慢慢有人使用中文名稱。

註解：……………………………………………………………………

① 財團法人台灣網路資訊中心(TWNIC)是一個非營利性之財團法人機構，同時也是中國互聯網絡信息中心(CNNIC)、日本網路資訊中心(JPNIC)、韓國網路資訊中心(KRNIC)等網際網路組織之對口單位。在交通部電信總局及中華民國電腦學會的共同捐助下，TWNIC於民國88年12月29日完成財團法人設立登記事宜，『財團法人台灣網路資訊中心』正式成立，主管機關乃為交通部。捐助章程中規定TWNIC為我國國家及網路資訊中心(National Network Information Center)，其服務宗旨如下：

■ 非以營利為目的，以超然中立及互助共享網路資源之精神，提供註冊資訊、目錄與資料庫、推廣等服務。

■ 促進、協調全國與國際網際網路(Internet)組織之間交流與合作，並爭取國際網路資源及國際合作之機會。

■ 協助推展全國各界網際網路應用之普及，以及協調資訊服務之整合、交換。

《資料來源：http://www.twnic.net.tw/》

● **IP追查**

　　獵人循著野獸的足跡、氣味，以追捕獵物。網路世界也是一樣，凡走過必留下痕跡，執法機關也可以循著IP位址，追查到犯罪者的身分。

　　以陳冠希慾照事件為例（參照下圖），假設不法集團取得陳冠希慾照後，將數百張的慾照陸續張貼在香港網站，讓一般民眾得以瀏覽。若成立刑法散布猥藝物品罪：

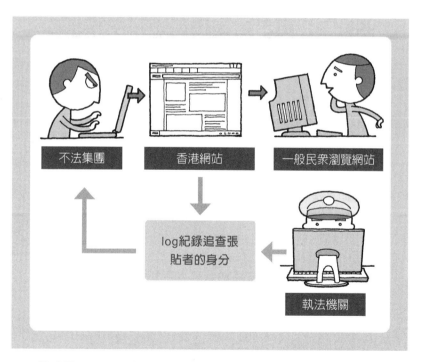

　　執法機關發現有散佈猥藝物品之情形，向張貼慾照的網站調閱log紀錄，從中發現張貼者的IP位址，藉此追查實際不法集團的身分。

實案追緝：網路拍賣詐欺

　　再以網路拍賣詐欺為例，當得知某甲使用的A帳號正進行詐騙時，可以向網路平台業者調閱相關紀錄資料，例如向某網拍業者調閱資料後，得到下列資訊：

　　若以雅虎奇摩網路服務，所調閱出來的內容，參考如下表：

login時間	service	I P	目標	i p(proxy)	service
2009-06-28 14:17:05	auction	218.165. xxx.xxx	XXX	X	tw
2009-06-29 21:43:54	auction	218.171. xxx.xxx	XXX	X	tw
2009-06-30 02:51:42	auction	218.165. xxx.xxx	XXX	X	tw
2009-06-30 17:39:46	auction	218.171. xxx.xxx	XXX	X	tw
2009-06-30 18:43:43	auction	218.171. xxx.xxx	XXX	X	tw

　　login時間，是指該帳號登入網路服務業者的時間。

　　service，則是指帳號使用者所進行的服務，如上例auction，應是指進行拍賣。

　　IP，則是指帳號使用者登入的IP。

　　相關欄位之內容，有些並不容易瞭解，必須詢問業者對於該欄位
的定義，才能清楚其真正的意義。

　　這時候，就可以依據所調閱的資料，透過文後的Whois查詢，得
知其IP所有人，通常會先查到連線服務提供業者，例如該IP屬於中華
電信所有，再向中華電信查詢該時間使用該IP之用戶，以追查到進行
拍賣詐欺之當事人。

　　整理上述偵查流程如下：

欄位名稱	內　　容
login時間	指該帳號登入網路服務業者的時間。
service	指帳號使用者所進行的服務，如上例aution，應是指進行拍賣。
IP	指帳號使用者登入的IP。
其它相關欄位	有些並不容易瞭解，必須詢問業者對於該欄位的定義，才能清楚其真正的意義。

STEP 01

向雅虎奇摩調閱A帳號之使用紀錄。

STEP 02

依據使用紀錄中的IP，查到該IP屬於哪一家網路服務提供者或單位所有，例如屬於中華電信所有。

STEP 03

向中華電信調閱該登入時間的IP為何人所有。

STEP 04

中華電信提供查詢結果，該IP使用人為某甲。

● IP與屬人性之不確定

　　有關於IP，只是代表查到當初的一個申請人，但並不是代表真正案件的涉嫌人。所以，常常查到媽媽申請的帳號，結果傳喚當事人詢問後，又發現媽媽根本不會使用電腦，真正實際使用者應該是兒子。所以，光獲得一個IP資料，在案件的認定上並不代表太大的意義。

　　再舉一個本書第104-105頁的案例，甚至於更進一步地發現，同一部電腦兩個檔案，不代表是同一個人使用，可能是哥哥與姐姐使用；即使兩個檔案存檔時間接近，還是不代表兩個檔案同屬於同一個人，可能是因為電腦系統或軟體程式特性的關係，使得非使用人幫忙真正的使用人存檔。(目前Word檔案已無此一現象)

《 屬人性不確定之相關案例 》
電腦是否為特定人使用？

又證人即共同被告鄒慶芳業於本院審理時結證稱：「（問：編號Ａ29、Ａ30、Ａ31之電腦，是否為101 大樓37樓辦公處所內供你公司內人員所使用之電腦？）

是，Ａ30華碩電腦是魏○笙要我去買的那台，這台電腦我有使用，也是公司的財產，我離開後大家也可以共同使用，如魏○笙有訪客來也用這台電腦；

Ａ29桌上型電腦多數是魏○笙使用；

Ａ31的電腦我沒有看過，至於是否為抽屜壞的那台筆記型電腦我不知道，但可以使用的是Ａ30、Ａ29的電腦，壞掉的那台電腦之前可能是魏○安在使用的」等語（本院卷(三)第129頁），

對照編號Ａ29電腦確有被告魏○笙與女友之親密照片以觀（本院電磁紀錄紙本卷第43頁），足認證人鄒○芳之證述應可採信。

《臺灣臺北地方法院99年度金訴字第44號刑事判決》

● Whois

Whois，是查詢IP或Domain Name屬於何人擁有之網路工具。台灣的Whois可連上TWNIC Whois Database（http://www.whois.twnic.net.tw/）查詢。

以蕃薯藤（http://www.yam.com.tw）網站為例，查詢Domain Name之方式如下：

點選完畢後，就會出現下列畫面：

```
Domain Name: yam.com.tw
Registrant:
天空傳媒股份有限公司
webs-tv inc.
13F., No.133, Sec. 4, Minsheng E. Rd., Songshan District, Taipei City 105, Taiwa

    Contact:
      Edison Cheng    register@staff.yam.com
      TEL:   (02)66068080
      FAX:   (02)66012228

    Record expires on 2009-08-03 (YYYY-MM-DD)
    Record created on 1998-05-06 (YYYY-MM-DD)

    Domain servers in listed order:
      dns1.yam.com        60.199.244.5
      dns2.yam.com        60.199.244.4

Registrar: TWNIC
```

查詢結果，該網址目前屬於「天空傳媒股份有限公司」，也有
聯絡人員、Email、電話及傳真。該網址於1998-05-06註冊，
預計於2009-08-03到期，到期沒有續約，其他人及可聲請註冊
該網址。
　　另外還有提供Domain servers網址與IP位址的資訊。

　　再以上圖之60.199.244.5為例，其係屬何人所有，可以利用同一
網址之查詢畫面，輸入60.199.244.5：

TWNIC Whois Database

TWNIC whois database provides information for network administration.
Its use is restricted to network administration purposes only.

財團法人台灣網路資訊中心
TAIWAN NETWORK INFORMATION CENTER

Domain Name Whois Search:

yam . com.tw ▼ [search]

IP Whois Search:

[search]

Register .TW domain name (only in Chinese)
Apply IP address from TWNIC (only in Chinese)

如上圖，在IP Whois Search中輸入60.199.244.5，然後點選search

點選完畢後，就會出現下列畫面：

IP代理發放單位網段:60.199.0.0-60.199.255.255	
Chinese Name	台灣固網股份有限公司
Netname	TFN-NET
Organization Name	Taiwan Fixed Network CO.,LTD.
Street Address	6Fl., No. 498, Ruei-Guang Rd., Nei-Hu
AdminHandle	TT33-TW
TechHandle	LC625-TW
SpamHandle	SS779-TW

查詢結果，該IP位址60.199.244.5，
所屬之網段60.199.0.0-60.199.255.255屬於台灣固網股份有線公司，
並提供該公司地址等資料。

查詢國外的Domain Name 及 IP Adress

如果是國外的Whois，可以連上Network Solutions（http://www.
networksolutions.com/whois/index.jsp）等網站查詢。

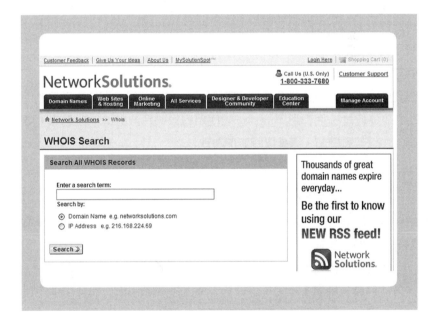

● 固定式IP及浮動式IP

　　網際網路上，每台電腦之間，是透過IP位址來通訊。換言之，無論是要連上網路，或是寄送信件，都必須知道對方的IP位址，才能與該台電腦設備進行溝通。早期網路使用者不多，因此IP的分配相當寬鬆，導致日後因為使用者高速成長，IP的分配逐漸不足。因此，IP的分配逐漸嚴謹，也愈顯不足。因此，常見者如申辦ADSL，固定式IP的費用比浮動式IP的價格就更高。

固定IP：指給予固定的IP讓某電腦設備使用。

浮動IP：指IP位址會隨電腦開、關機，或ISP業者一定期間重新發派IP位址，而有所不同。一般使用者較適合浮動IP，但是如果要架設網站，還是以固定IP為宜。

Q：使用浮動式IP，就找不到來源了嗎？

　　志明疑似入侵他人電腦系統，竊取甲公司的商業機密檔案，檢方依據入侵IP追查後，發現該IP使用者為志明，遂以刑法第359條入侵電腦系統設備罪起訴，具體求刑1年。

　　志明聘請律師為其辯護，律師閱卷後，發現該IP屬於浮動式IP，遂以「浮動式IP屬不斷變動性，未能據此證明係志明所為」之理由替志明辯護。此一理由是否正確，而能讓志明免除牢獄之災呢？

A：浮動式IP仍可追溯來源

　　浮動式IP的分配，固然是不斷變動。但是，仍然可以依據使用的時間，調閱出那一段使用時間，IP分配給何人所使用。因此，志明所聘請的律師恐怕對於浮動式IP有所誤解，但也或許是律師想要碰運氣，看會不會碰到一個不懂電腦、網路的法官，隨便唬一下就被騙了。

以本案來說，其模擬調查經過如下：

| Step 1 | 執法機關發現某特定對象，於A時間（98年1月1日8點5分10秒至8點5分50秒）侵入甲公司的電腦系統，來源IP是60.199.244.5（模擬）。 |

| Step 2 | 經Whois查詢後，發現屬台灣固網所有。 |

| Step 3 | 再向ISP業者（台灣固網）行文調閱，請其A時間（通常會要求前後加減五分鐘），IP：60.199.244.5之使用者申請登記資料。 |

| Step 4 | ISP業者（台灣固網）提供前述時間的使用者身份資料，即志明。 |

各　論

　　被告雖又辯稱：上網需要數據機、線路、附掛電話、帳號，缺一不可，且浮動IP太頻繁跳動，表示是不正常的訊息，不排除有遭人植入木馬程式盜撥之可能云云。惟查，帳號HN00000000為HINET 窄頻電話撥接上網帳號（非ADSL寬頻服務），毋需要附掛於任何電話門號，即可在其他電話線路上透過撥接方式上網，已如前述，且被告自承其所有之筆記型電腦有附掛數據機，可直接上網等語，參以被告復供承中法公司負責人黃新○○將帳號及密碼設定於其所有之筆記型電腦中，其電腦顯留存有該帳號及密碼，且被告既係透過上開市內電話撥接上網，<u>縱每次撥通連接網路之動態IP位置並不固定，亦無從執此推斷即非被告所盜用撥接</u>。故被告前揭所辯各節，尚難遽為被告有利之認定。

《臺北地方法院96年度訴字第1390號刑事判決》

214

　　被告另辯稱「163‧21‧183‧XXX」IP位址為台北市立師院附小之固定IP，被告不可能使用該位址發信，經查「163‧21‧183‧XXX」IP確為台北市立師院附小於九十二年二月間proxy server所使用，該校因proxy server設定錯誤，可能出現校外連線使用之情形，此據台北市立師院附小九十三年三月二十二日北市師附春研字第09330452100號函在卷可稽，且依證人高○○證稱：原則上這個IP是固定供師院附小所有，但是實際上如何使用是要看師院附小內部如何分配使用，師院附小可以把這個IP當浮動用也可以當固定用。例如台北市政府本身有分配好幾個固定的IP，但是有可能幾個可以化分為動態取得之浮動IP，可以提供幾個代表號提供民眾免費撥接上網，實務上學校也會提供免費撥接的系統供學校師生或是民眾使用，但是細節我不清楚等語，堪認上開「163‧21‧183‧XXX」IP位址雖為台北市立師院附小之固定IP，但於九十二年二月間，有可能校外連線至該位址再連接上網，準此，如附表一編號12、18、20、24、33所示登入雅虎公司之IP為「163‧21‧183‧XXX」，應係被告利用電腦網路登入台北市立師院附小後再連線至雅虎公司以會員帳號「wang8XXXX」使用服務，雖被告未至台北市立師院附小使用電腦，亦不足為有利於被告之認定。

《臺北地方法院93年度訴字第588號刑事判決》

4.

聊天紀錄與留言

● 聊天紀錄

一、聊天紀錄的儲存位置

本書第55～59頁《MSN聊天紀錄可以竄改嗎？》，曾經提到MSN的聊天紀錄，也瞭解到聊天紀錄是有機會存取在個人電腦中。一般的聊天軟體，都提供留存紀錄的服務，當然也大多可以設定不留存。

以MSN聊天紀錄為例，其預設的儲存位置如下：

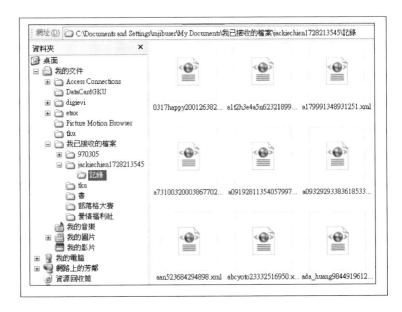

實際上，MSN聊天紀錄的儲存位置是可以變動的，例如可以經由下列設定程序，將儲存位置變更到其他位置：

(1)《步驟一》

先在MSN軟體中，點選工具列中之「工具」，移到最底下的「選項」。

(2)《步驟二》

●選擇左列的「訊息」。
●在「訊息紀錄」項下，找到「將我的對話內容儲存在此資料夾」。
●點選「變更」的功能鍵，選擇所要改變儲存的資料夾位置。

● 聊天紀錄的特性

以下僅以MSN聊天軟體之特性進行簡要分析，其他軟體聊天紀錄之特性，因各家軟體設計而有所不同。

◎ 特性一：以暱稱代替帳號

在「傳訊者」及「收訊者」顯示的是暱稱，而非MSN帳號，從MSN紀錄內容無法得知「傳訊者」及「收訊者」的身分。但是，仍然可以從資料夾名稱中，得知傳訊者的帳號，以及此檔案的名稱得知收訊者的帳號。

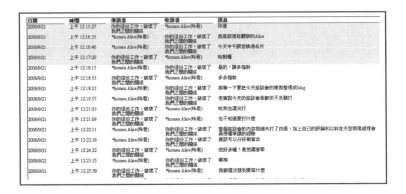

◎ 特性二：關閉對話視窗始存檔

上述聊天內容，何時存成檔案呢？

在聊天結束，關閉對話視窗時，才會存檔。所以檔案內容中，所顯示的「修改時間」，應該是最後一次關閉視窗的時間。據此推論，如果「建立時間」及「修改時間」兩者相同，原則上應該是只有聊天一次，如果兩者不同，則應該是聊天二次以上。

但是，有時候因為當機的情況，因為沒有關閉視窗，導致沒有存檔的結果。如果他造也有儲存紀錄檔，可能兩個紀錄檔比對後，會發現內容不一致的結果。(他造的傳訊者、收訊者應該是相反的)

◎ 特性三：兩造暱稱可能不相對

兩造所擁有的聊天紀錄檔，內容應該是相對的，所謂相對，如一造的傳訊者，就是他造的收訊者。但是因為傳訊者與收訊者是以暱稱來代替，MSN聊天軟體又有「編輯別名」的功能，可能導致一造的收訊者的名稱，與對造的傳訊者名稱不相符合。

● 律師的思考點

每一種軟體都有其特性，未必透過鑑識程序能獲得答案，有時候必須自行或委請專家就爭議檔案進行分析，並了解其所屬軟體的特性，才可以發現更多的潛在性資訊。

> **延伸閱讀** 電腦鑑識與企業安全，與網路通訊有關之電子證據，第9-23至9-25頁

> 【實務見解】
> 被告與丙○○之MSN對話紀錄，字裡行間雖有不明確、曖昧之文字用語，惟此僅可證明2人之關係密切，尚無法僅憑此紀錄逕認被告與丙○○間確有發生性行為。

《高等法院96年度上易字第813號號刑事判決》

又於93年9月3日在微軟MSN MESSENGER即時連線對話中向
被告（即Shaun）表示：「我要退出所有的投資，所有的名字我要
處理掉⋯先過戶啦，所有我家的人全部要過掉⋯實質退出，我要真
正的退出⋯」⋯⋯，均有電子郵件、通話紀錄在卷為憑，足資認定
許○○確曾向被告為移轉家族成員股權之意思表示。

《高等法院96年度上訴字第3686號刑事判決》

並有網路對話MSN聊天畫面列印資料在卷可按。（註解①）

《高等法院96年度上訴字第1037號刑事判決》

被告不尊重他人之智慧財產權、人格權等權利，犯罪後亦未就
其對告訴人所造成之傷害深感悔意，反而指責告訴人提出告訴、欲索
錢、造成其工作上之困擾等，有被告八十八年十二月十六日ICQ傳話
內容附卷可參。

《臺北地方法院89年度易字第770號刑事判決》

註解：⋯⋯⋯⋯⋯⋯⋯⋯⋯⋯⋯⋯⋯⋯⋯⋯⋯⋯⋯⋯⋯⋯⋯⋯⋯⋯⋯⋯⋯⋯⋯⋯⋯⋯⋯⋯

①被告自白核與事實相符，所以被告也沒有探究警方所提出MSN
聊天內容的真實性。警方所提MSN聊天畫面列印資料，是否
有儲存相關檔案，聊天過程有無以錄影方式證明證據之真實
性，從判決書中無法得知。

【實務上不採MSN紀錄之見解】

在本書「當事人提供數位證據」的章節中，提到一個實務案例，甲乙為夫妻，乙與丙相姦，甲發現乙丙二人MSN聊天內容，乙始坦承犯行。《臺灣板橋地方法院98年度易字第2299號刑事判決》後來甲把MSN 的存檔資料轉成EXCEL 檔案，然後再從EXCEL裡面用滑鼠去按PRINT 按鍵列印出來，然後再說未更改對話內容等語。被告亦丙不否認確有使用該帳號，並與乙對話，惟爭執該檔案之修改方法容易，故卷附之對話資料恐遭人竄改等語。

法院送請鑑定後，參酌其他事證，認定MSN Messenger 對話紀錄是否確為被告甲、乙間原始對話內容，顯非無疑，若允許其得提出於審判庭而成為法院認事用法之依據，恐有導致誤判之風險，因認其不具證據能力。

《臺灣板橋地方法院98年度易字第2299號刑事判決》

延伸閱讀 《當事人提供數位證據》，本書第26～27頁。

● 留言

一、留言的類型

網路世界，任何人都可以利用BBS、討論區、家族留言(如奇摩家族)、部落格留言、企業內網討論區，發表自己的看法。

常見的留言有下列幾種：

■BBS　　　　　■討論區　　　　■新聞群組　　■家族留言
■部落格留言　　■文章回應　　　■留言板　　　■聊天室

二、留言的追查

因為留言的不當，可能發生人身攻擊的行為，匿名化的網路世界，讓許多民眾誤以為抓不到留言者，而大放厥詞。實際上，留言者會留下IP紀錄，透過IP紀錄的追查，可以追查到留言者的身分。

> **延伸閱讀**　《固定式與浮動式IP》，本書第212～215頁。

留言，很容易遭到刪除，刪除完之後要再回覆原本的留言內容，恐怕有事實上的困難。因此，第一時間發現留言的證據時，就應該要完整且立即地採證，以避免數位證據稍縱即逝。即便是留言在第三人處，刪除了之後，第三人未必會有備份檔案。

三、台大批批踢罵人案

以公然侮辱或誹謗罪為例，某甲發現某乙在台大批批踢BBS討論區上留言罵自己，一氣之下打110報案，並詢問警方該怎麼搜集證據？警方表示把留言內容印出來即可。

如果你是一位律師，當事人某甲表示某乙在網路上罵他，表示要提出妨害名譽的訴訟，並表示已經依據警方的要求，將侮辱的留言以印表機印出來。這時候，身為律師的你該如何協助呢？只要把留言印出來就夠了嗎？會不會發生什麼問題呢？

有人在網路
上罵我！

律師

　　留言最常見的問題，在於寫完之後，許多系統還是允許刪除。當留言遭到刪除的時候，形式上觀察，當時列印出來的內容，可能事後網路上已經不見了，想列印也印不出來。此時，他造當事人若一概否認，可能還會質疑被害人提出的資料是偽造的。

編號	思考點	專家回答
Q1	從系統中可否還原遭刪除的留言？	從數位資料的可復原性，原則上是有機會的，但必須針對留言系統進行數位鑑識還原程序。
Q2	紀錄檔中，是否可以顯示出留言曾經遭到刪除？	端視留言系統服務提供者的log紀錄檔是否能顯示出刪除的紀錄。當調出紀錄檔資料後，必須經由網管人員協助判讀。
Q3	留言服務提供者，可以提供什麼資料？	通常是log紀錄檔，可以得知貼上留言者的帳號、來源IP、時間等使用者資料。
Q4	留言服務提供者所提供的資料，進一步該如何追查？	來源IP如果屬於國內所有，可以向ISP業者調閱該IP使用者的真實身分。若是國外所有，則須尋求國際合作。
Q5	當事人應如何採證？	當事人主要是要證明違法留言的客觀事實存在。所以，必須要以下列四步驟(第124~127頁)，證明犯罪事實的存在，才比較不會受到他造質疑證據的真實性。

5.

木馬程式攻擊

● 木馬程式

一、什麼是木馬程式？

木馬程式，英文名為Trojan horse，原出自古希臘荷馬史詩，描述西元前12世紀希臘國王攻打特洛伊城，因久攻10年不下，遂造一大型木馬於馬腹內暗藏士兵，嗣特洛伊人將木馬引入城內，隱身馬腹內之士兵即乘機與仍在城外之古希臘軍隊裡應外合破城，又稱為木馬屠城。

(1) 植入木馬程式

木馬程式借該史詩的暗喻，其概念似「遠端管理程式」，是指電腦在無預警之情形下遭植入安裝木馬程式，屬惡意程式之一種，通常有隱蔽、自動啟動、欺騙、自我恢復、破壞傳輸資料等特徵，透過偽裝、電子郵件或直接嵌在網頁之超文件標示語言HTML、XML中(如網頁掛馬)，吸引用戶下載或在不知情的情況下執行或安裝。

(2) 控制運用

製作木馬程式之人，得利用已遭植入木馬程式之電腦伺機予以直接連線，或在已遭植入木馬程式之電腦內透過背景連線，並在已遭植入木馬程式之電腦內執行程式指令，或刪除、變更、取得已遭植入木馬程式之電腦的文件或操作畫面，利如帳號、密碼，或信用卡等個人資料；甚至透過網路連線以遠端遙控方式，控制已遭植入木馬程式之電腦，充作連線跳板電腦。

二、木馬程式具備隱匿性

(1) 代碼變更

　　木馬程式之功能可包含隱匿控制端之IP位址、遠端遙控、截錄封包、記錄鍵盤輸入資料、傳遞資訊、提供封包轉送達到跳板功能等。攻擊者植入前述功能之電腦程式後，再對木馬程式進行編譯，添加垃圾代碼將原本程式之起始點代碼變更，此類動作稱「花指令」，此處指垃圾代碼添加器，係一種特殊的電腦程式開發工具，通常用做對商業軟體的逆向工程保護、反破解保護和反盜版保護，此種電腦程式保護技術也通常被稱作「代碼模糊」功用。

　　花指令添加器或垃圾代碼添加器將二進位制代碼轉換成非常難以分析，或與程式原始碼面目全非，但功能絲毫沒有變化的新二進位制代碼，意即原有的程式功能和邏輯不變，但變換他種呈現的形式。目的在完全隱藏程式原始碼中具體執行細節或程式架構。倘對於已執行花指令之程式進行反組譯或還原工程時，其二進位制之機械碼即呈現亂碼或無意義之訊息，而達到保護程式原始碼及機械碼之雙重目的。

(2) 加殼技術

　　攻擊者也常以加殼、脫殼之技術掩飾木馬程式。經由加殼、脫殼動作後，以此方式修改木馬程式之電腦語言程序列或代碼，使市面上販售之防毒軟體無法比對其程式碼特徵偵測、刪除或隔離木馬程式（註解①）。

　　加殼，類似「加密」，屬於一種變形演算法，例如：某電腦程式的一段程式碼是Go to School: aaa.加密後可能會變成as^\$*xasasoi%dji1，如此編譯軟體就無法解析內部程式，但是電腦卻可以判定出來，縱使加密也必須照電腦的邏輯來寫。

　　所謂脫殼，就是將加殼的程式利用還原的方法，把加密後的內容還原，援上開例子而言，若加密後看到的是as^\$*xasasoi%dji1，使用脫殼器之後，即可將內容反組譯回Go to School:aaa.，此方法即是脫殼。

　　基本上有加殼程式存在，相對而言，即會有脫殼程式誕生，是亦有專門脫各種殼的程式被製作出來。而所謂脫殼，通常是針對防毒軟體來闡述，若某工具程式或者木馬程式遭人以加殼程式《加殼器》包裝，則防毒軟體有時會根據此點來判定是危險檔案予以分析掃瞄，畢竟安全的程式根本不必加密或加殼，會加殼大多都有危險，除非程式設計師為了不讓其設計的程式碼被分析，也可能會有加殼的動作。

《資料來源：臺北地方法院96年度訴字第1312號刑事判決》

註解：

① 不論市面上何種防毒軟體，對於防治病毒都必定有「掃毒」及「解毒」之步驟，「掃毒」意即將電腦中若干有害之惡意程式，如病毒、蠕蟲、木馬等程式之程式特徵加以特定後，再以刪除或隔離使不能執行之方式進行「解毒」。為了將惡意程式特徵予以特定，防毒軟體製作廠商通常會混合採用「（廣譜）特徵碼」、「啟發式掃瞄」、「行為監測」、「虛擬機器法」等技術。

「特徵碼」技術	是指防毒軟體的設計人員通過對病毒樣本的研究，找出病毒中最具代表性的語言程序代碼後，將該代碼輸入病毒資料庫，當防毒軟體對於電腦程式進行掃瞄時，如發現電腦程式的代碼符合病毒資料庫中之代碼時，即判定該電腦程式為惡意程式。
「啓發式掃瞄」技術	是指當防毒軟體懷疑某程式係惡意程式時，會對目標程序進行反組譯，並解析其中特定之語言程序指令序列，分析該指令之運作動機及目的，如該程式指令運作之動機或目的與惡意程式之行為特徵相符，則據以判斷為惡意程式。
「行為監測」技術	著眼於不管惡意程式如何偽裝，通常都還是會進行與一般程式不同的動作，例如：呼叫固定的API函數式，或盜用中斷向量表中的INT13H，防毒軟體僅須監控各個程序是否有異常動作，即可發現已知或未知之惡意程式。
「虛擬機器法」技術	指讓要檢查的程式在虛擬環境《Virtual Machine》中運行，並進行分析，縱然該程式已經加密，或已變更代碼，在進行運作時，還是會解密還原成原本的代碼，此時輔以特徵碼技術，即可比對出該惡意程式。

　　並非所有防毒軟體均全數採用前揭諸技術，因此經加脫殼或執行花指令添加器後之惡意程式，因語言程序列或代碼均已代換或變更與源程式不同，此時「（廣譜）特徵碼」、「啓發式掃瞄」等技術，無法正確辨認惡意程式，惡意程式即可規避防毒軟體偵測。

● **防毒軟體的錯誤見解**

　　防毒軟體如果宣稱有98%的惡意程式阻隔率，你該如何看待剩下的2%呢？代表著安裝防毒軟體，遭惡意程式入侵的機率微乎其微？還是說這2%代表著入侵電腦的高度危害性？

　　本書所提到的案例(高等法院臺南分院99年度上更(一)字第159號刑事判決)，法院見解採前者，其先發函詢問中華電信公司，該公司回覆單內容摘要如下：

　　現今發展出木馬程式或其他後門程式大部分可被防(掃)毒軟體偵測出並阻擋，唯對未公開或未知之病毒及威脅則無法偵測。

　　法院對於這一段話的解讀是：…廠商有安裝免費的掃毒軟體防護之情形下，其電腦再遭人以木馬程式植入之機率，可說微乎其微。…

　　法院進而作為推論當事人木馬抗辯不成立的理由之一。只是這樣子的推論與本書有一定的落差，中華電信公司回覆單的內容應該是著眼於「唯對未公開或未知之病毒及威脅則無法偵測。」不過這也不能怪法院，在許多主機代管業者遭到入侵的案例中，連專業的網管人員都認為改改密碼，再加上掃掃毒就可以解決問題了，實際上很多惡意程式並無法被掃毒軟體所發現。

《 販售MSN竊錄軟體案 》

同案被告某甲自民國95年3月間某日起即向大陸地區網友購買，或從大陸網站取得「彩虹」、「黑洞」等具有遠端遙控、螢幕擷取、鍵盤側錄等功能的木馬程式，並將之定期修改，與其他程式相結合（又稱綑綁）成單一電腦程式後（註解①），賣給乙、丙二人。

乙、丙二人在不同網站之留言版上，留下個人聊天軟體MSN及即時通帳號、電子郵件之聯絡方式，刊登「專業網路徵信服務諮詢」、「帳（號）密（碼）破解服務」、「是否有解不開的心結？懷疑另一半劈腿卻無證據？」、「破解各種信箱＆網站密碼遠端觀看對方視訊＋螢幕」等文字。

如有客戶與被告某丙聯繫，只要告知欲植入木馬程式之對象後，即由被告某丙收取3,000 元之代價後，進行植入木馬程式，並竊取相關資料；若客戶覺得效果不錯，表示願購買前揭程式，則由被告某乙以10,000元到30,000元不等之代價，到府交付軟體並實際教學。

丁看到上述訊息，因想知道前女友戊與其分手之理由，即以MSN 帳號與被告某丙聯絡，並提供戊之電子郵件帳號。乙、丙二人即將前揭木馬程式以結合（綑綁）軟體之技術，與副檔名為「.doc」之檔案結合後，寄送至某戊之電子郵件信箱。

　　戊將前揭檔案下載後，因不知該檔案含有木馬程式，誤以為該程式內含重要資訊而加以開啓，致使木馬程式載入其電腦中予以執行，並進一步無故變更某戊所有個人電腦內作業系統之電磁記錄，使某戊之個人電腦於下一次重新開機後，仍能將上述木馬程式載入啓動區常駐在作業系統，致生損害於某戊。

　　乙即利用該木馬程式，以遠端遙控之方式，將戊個人電腦內之文字檔案（含帳號、密碼記錄）、照片等電磁紀錄，透過網路連線複製至乙個人電腦內，再將檔案燒錄成光碟，透過快遞寄給丁，收取3,000元費用；事後，因效果不錯，又將整套軟體以30,000元的代價賣給丁。丁取得相關軟體與技術後，持續對戊電腦進行遠端遙控，將某戊電腦內之照片檔案全數刪除，導致某戊的損害。

《臺北地方法院96年度訴字第1312號刑事判決》

註解：

①此處指將兩個可執行之電腦程式結合成乙個，經點選執行該程式後，兩個程式均會進入執行程序，可以此方式欺騙電腦使用者執行經隱匿之惡意程式。

三、木馬程式無所不能嗎？

法官：以你本人（台北縣刑警隊電腦犯罪小組偵查員）專業，
本案是否有可能透過遠端控制程式，利用Ａ電腦啓動黃
小姐所使用之電腦，而在黃小姐所使用的電腦上登入本
件Email帳號，再寄送本案誹謗之Email？

證人：不可能，所謂木馬程式現在設計的目的都是在擷取特定
帳戶的帳號及密碼，另外一種設計是遠端遙控，要使用
遠端遙控的功能必須在同時在Server端及Client端同時安
裝該木馬程式，在遠端遙控的同時，Client端可以發現他
螢幕上的滑鼠跟鍵盤不聽使喚自己操作，這種情況下不
被發現是很困難。

法官：你還有無其他發現？

證人：有。在龍華科技大學及黃小姐桌上電腦都有發現使用誹
謗Email的帳號，而且該帳號的使用時間與黃小姐上班時
間及上課時間都相符，要是有心人士要陷害黃小姐，他
勢必要在黃小姐公司所使用的電腦上，及其在龍華科技
大學所使用的電腦上同時安裝木馬程式，這點在實際上
也有相當困難。

《板橋地方法院刑事判決93年度易字第638號》

各 論

本書見解

　　一般而言，攻擊者側錄到帳號密碼，會透過跳板進行寄送電子郵件。必須看收件者的Email之寄件來源IP，來了解到底實際寄送來源為何。但是，並不排除透過被控制者的電腦系統寄送Email。

　　可以檢查寄件備份是否有該Email，作為判斷是否是由該電腦寄出的參考標準之一；但如果使用命令列，甚至於不會在Outlook 裡面發現寄件備份，而且寄送Email 可以藉由命令模式，根本不需要操控滑鼠、螢幕上也不會出現異常。

　　如果確實是來自於被告，則可以鑑識被告的電腦，瞭解被告的電腦中有無類似的木馬程式。Email發送的時間點，其前後接近的時間，或許可以找出電腦中是否有被入侵的跡象。因此，前頁證人所述，未必完全正確，或者是說未必適用於所有的情況。

延伸閱讀　有關寄件來源IP，可參照本書《電子郵件》，第136～139頁。

《 網路援交與木馬抗辯 》

　　另舉一個實務上針對木馬抗辯審理之案例(高等法院臺南分院99年度上更(一)字第159號刑事判決)，案情相當簡單，就是被告的帳號登入網路後，留下援交的訊息。法官委請專家證人到庭說明，其內容要點如下：

1.如電腦被駭客入侵植入木馬程式，或跳板程式，是不同的，以木馬程式來說，要達到遙控別人電腦上網留言，當時別人電腦畫面會有被駭客佔用之情況，應無法一邊玩遊戲，一邊又被駭客入侵遙控上網留言

2.一般駭客如已經入侵成功，並植入木馬程式(遠端遙控之類軟體)，不需要再去獲取被入侵者之基本資料，做更隱密之保護。對駭客一點好處都無，一般駭客不會這樣做。

　　上開案件，證人(婦幼警察)來說明類似案件情況，有無可能遭到木馬入侵，警方對此表示：我們查獲的案子從未見有稱IP被人植入木馬程式被盜用之事，到目前為止我沒有遇到之事。我承辦婦幼案件一年多以來沒有遇見過。

　　筆者的經驗是不少民眾的電腦都遭到入侵，植入木馬者為了竊取資料，確實不太會以被害人名義上網張貼援交訊息，因為這樣子可能會讓其入侵的行為曝光，但是也不排除故意惡搞被害人的情況。

《 木馬抗辯成立 》

　　案例事實是被告甲、乙二人盜用丙的雅虎奇摩拍賣帳號，詐騙被害人拍賣購物並交付款項，兩人均主張木馬抗辯。法官最後採信其等主張，並參考相關事證而判決二人無罪。

　　其判決無罪之內容為「綜此，由內政部警政署刑事警察局之函覆及證人XXX之證稱，本件上網盜用拍賣網站賣家帳戶所顯現之IP，不能排除係因被告二人之電腦中木馬程式而遭人操控進行惡意行為，故顯現其等IP之可能性，則被告二人是否有公訴意旨所指之犯行，即非無疑。」

　　其他無罪之佐證

一、被告所申請使用光纖上網服務，既與其他房客以分享器共同使用，亦即其他房客以分享器使用該網路帳戶時，亦會被歸類為網路帳戶申請人即被告使用。

二、況被告之電腦確曾中木馬程式，亦經證人證述屬實，即可能遭人操控進行惡意行為，故顯現其等 IP 之可能性。

三、公訴意旨所指被告以該網路帳戶取得IP位址連線上網，並盜用第三人拍賣帳戶用以詐騙被害人，是否確係被告所為，即非無疑。

《臺北地院98易1677、高等法院維持原判》

四、鑑定人問答過程

其中有關部分涉及鑑定人問答,其內容要點如下:(延續前頁案例)

法　官:就本案你看過相關卷證資料,被告的電腦有無可能中了木
　　　　馬程式而被他人上網冒用、冒名而使用網拍?

鑑定人:電腦有無中木馬程式無法從卷證看出,如果要知道有無中
　　　　了木馬程式,要於案發後短時間內將被告的電腦儘速扣押
　　　　送鑑驗。

法　官:本案案發時間是在97年3月24日,現在再將被告的電腦扣
　　　　案送貴局去鑑驗,有無辦法確認有無中木馬程式?

鑑定人:從我們的實務經驗來看,現在木馬程式非常猖獗,可能案
　　　　發時間沒有中木馬程式,但是之後有無中我們也不知道,
　　　　所以我們無法還原當時狀態,且被告的電腦可能在這期間
　　　　也重新安裝了。

法　官:即便被告庚○○說他的電腦在這段期間都沒有重新安裝,
　　　　還是無法鑑驗,是否如此?

鑑定人:即便他沒有重新安裝,我們卻還是要重新鑑驗的話,我們
　　　　也無法保證鑑驗出來是否如被告當時的電腦,故認為信度
　　　　及效度都有問題。

法　官:如果本件二名被告之電腦確實在97年 3 月間即本件犯行發
　　　　生時,已遭人植入木馬程式,則是否代表如果現今勘驗扣
　　　　案電腦,仍然可以發現木馬程式之存在?換句話說,是否
　　　　代表一旦97年3 月間遭植入木馬程式,即無因掃毒或駭客
　　　　自行撤離的可能原因,而導致木馬程式不復存在?

鑑定人:如果被告沒有掃毒或是駭客自行撤離或是被告自行重新安
　　　　裝系統的話,則木馬程式會繼續存在,但有上述原因之一
　　　　的話,則無法鑑驗出木馬程式。

● 幽靈抗辯

實務上常見犯罪者將犯罪行為推給不詳姓名之人，稱為「幽靈抗辯」。

如被告於檢察官起訴後，到了院方全部翻供，被竊機車到底怎麼來的？被告說是有一個叫「阿炮」交給他的，這時誰該負舉證責任？被告？檢察官？

又如在士林發生一件有名的走私案，被告辯稱：「我不是走私啦，是我在海上捕魚的時候，有匪船靠過來，拿著槍強迫我們，他把我們的魚貨全部都搶走，但丟了一千盒的走私香菸給我們，強迫交換……我也是被害者。」結果法院認為無法證明被告所提抗辯不實在，判決無罪。

幽靈抗辯已經是實務上常碰到的情況，包括不明第三者的入侵，如木馬抗辯、溢波抗辯，還有執法可信度或當事人提供事證可信度的抗辯。法院該如何面對這種種的抗辯，成為一項關注的焦點。

● 木馬抗辯

所謂木馬抗辯，是指被告辯稱網路攻擊行為非自己所為，而是有駭客透過木馬程式控制其電腦，並利用其電腦進行其他攻擊行為。在木馬氾濫的年代，這種情況確實常發生。

或許是木馬抗辯成習慣了，連法院也有些麻木與無法接受，對於主張木馬抗辯者，有刑事案件之見解，認為不能因為有木馬入侵的可能，就認定是無罪（高等法院臺南分院95年度上訴字第533號刑事判決）；在民事案件方面，有認為木馬抗辯是變態事實，必須就其變態事實的主張負舉證責任（高等法院95年度上易字第475號民事判決）。換言之，前述民事判決，認為被告必須要舉證遭木馬入侵的變態事實，否則法院自無庸採為判決之基礎。

《最高法院民事判決97年度台上字第425號民事判決》

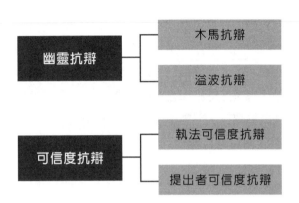

《提出者可信度抗辯》

在本書「企業內部監控的合法性」章節中，提到下列案例：被告擔任甲公司員工，又成立了一家競爭關係的乙公司，將甲公司的客戶名單以及相關交易資訊，提供給乙公司，涉嫌背信罪，遭判有罪。(臺北地方法院刑事判決99年度易字第29號)

甲公司提供MSN網路通信歷史紀錄列印資料、電子郵件，被告辯稱前揭證據乃未經被告同意非法取得，且內容可能經過竄改，應無證據能力置辯。法院認為：該等證據都是被告在甲公司任職時，使用甲公司電腦設備所留存。甲公司於被告離職後，整理被告任職期間配發之電腦，進而取得證據，應無違法律保障個人隱私權利之意旨，且取證過程復無關乎公權力之行使可能。

一、幽靈抗辯的判斷角度之一

　　舉國外常見的如兒童色情照片案，當事人瀏覽網站存取的時間，或是照片下載的時間... 因為如果30張照片下載的時間是在同一時間，或是30個網址是在同一時間或一秒內同時存取，那就可能是非人為。因為這些兒童色情癖好的犯罪者，會上這些網站看照片或下載，他們一定不會很快就看過去，他們會慢慢看，一張一張的看，所以透過數位證據的分析，可以與行為模式相比對，以判斷其成罪與否之可能性。

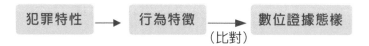

犯罪特性 ⟶ 行為特徵 ⟶ 數位證據態樣
　　　　　　　　　（比對）

二、我的拍賣帳號被盜用了！

　　先看一段網路拍賣詐欺涉嫌人某甲所提出的問題：

我的雅虎奇摩帳號被盜用，現在被告了，警方居然說找不到盜用者與買家聯絡進行交易的IP，只有調到我的IP，有可能嗎？

　　如果這是你的當事人或朋友，你該如何對應呢？建議您可參考右頁的回答：

　　某甲的情況應該是雅虎奇摩的帳號被盜用，盜用者使用你的帳號進行網路拍賣詐欺。可能是拍賣結標後，收了錢沒寄貨物出去，所以買家控告這個賣家，也就是追查出該帳號屬於某甲所有，某甲涉嫌觸犯刑法詐欺罪嫌。

　　一般來說，警方追查這類型的案件，大概也知道帳號都是被盜用的，因為被盜用的情況實在太嚴重了。向雅虎奇摩調閱使用紀錄，可能會有兩種結果：

1. 上線的IP紀錄不是某甲所有，例如來自於大陸的IP，這時候可以推知並非某甲所為。
2. 上線的IP紀錄仍屬某甲所有，這時候如果拍賣詐欺真的不是某甲所為，有可能是被植入木馬，盜用者遠端操控某甲的電腦進行網路拍賣詐欺。木馬抗辯，是某甲唯一的主張了。

　　下列左右兩圖，分別是上述第①種、第②種情況的示意圖：

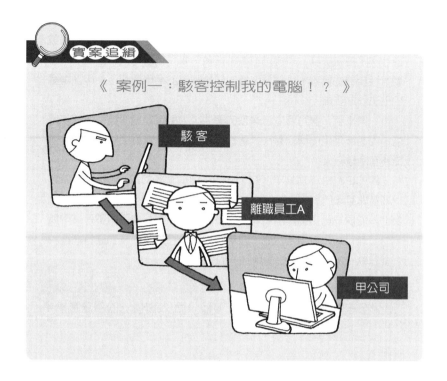

《 案例一：駭客控制我的電腦！？ 》

　　離職員工搞鬼，入侵原公司的電腦可謂層出不窮。實務上，曾發生甲公司遭他人入侵，將資料庫刪除，導致重大損失。警方追查後發現，侵入的IP屬於離職員工A所有，逐將A移送法辦。

　　離職員工A堅稱雖然是因為與公司有嫌隙而遭解雇，但絕對沒有入侵，並辯稱是駭客植入木馬，控制其電腦後，將甲公司的檔案刪除。

　　檢方應僅有甲公司資料庫遭刪除的犯罪結果，以及入侵IP的資料，並無其他資料佐證A曾經為入侵行為，逐以證據不足而為不起訴。

《 案例二：寶物是駭客偷的！》

　　某甲趁某乙離開線上遊戲之際，開啟某乙「天堂二」遊戲的帳號密碼，竊取某乙的虛擬寶物，後警察追查IP後發現，該IP屬於某甲所有。

法官：某甲，你從事何種工作？

某甲：電腦裝修服務。（專業人士）

法官：某乙的寶物被偷，經查是由你住家申請的IP所為，你做何解釋？

某甲：不是，我不知道，我的電腦被駭客入侵。

法官：駭客入侵？何以認定？

某甲：我的電腦24小時均連線不關機，且沒有裝防火牆，可能因此遭到入侵。

法官：防火牆是最常見也最有效防止電腦病毒及駭客入侵的方法，你是電腦方面的專業人士，卻未裝設防火牆，與常情相違。

某甲：大人冤枉啊！我只是電腦裝修人員，不是專家啊！就算是法官眼中的專家，會在自己電腦中設定防火牆的人，應該也不多吧！（註解①）

法官：你還有何辯解？

某甲：那天晚上我在弟弟家中幫忙辦理婚事，晚上留在弟弟家中睡覺沒回家，那時候上網紀錄不是我，一定是駭客入侵。

法官：你弟弟說詞反覆，第一次說你很早就回家，第二次又說
　　　你沒回家，依據一般常情，應該以第一次說法為準。你
　　　理由真多，那電腦送過來鑑識一下，看看到底有沒有木
　　　馬程式。

某甲：我剛把電腦重灌。

法官：你根本就是湮滅罪證……

　　當然，若光以此為理由，顯然不合理，法官另外提出下列理由，
佐證其應該是竊取遊戲寶物的行為人：

駭客習性	駭客不可能連續6天，每隔2日，都透過某甲的IP上線，因為駭客手中應該有很多其他被入侵的帳號及密碼。
被告空言	沒有證據可供法院認定確有駭客入侵情事。
木馬操控之連線品質差	既然已經取得他人帳號密碼，透過網咖入侵他人帳號，連線速度與品質較佳，實在不必先連線至被告的IP電腦，再由被告電腦移轉寶物，因為這樣子的連線品質相當差。
不在場證明不符常情	被告所舉不在場證明，幫忙其弟訂婚結婚，與事實不符，且一般幫忙完就回家，實在不必住在弟弟家中，顯有違常情。因此，也不能據此為證。
不正常重灌電腦	法官履勘前一日，被告重灌電腦，顯係故意隱匿事實。

《高等法院臺南分院95年度上訴字第533號刑事判決》

註解：………………………………………………………………………

① 看到這則判決，發現電腦裝修人員都被視爲專家了，那我不是更慘，已經算是專家中的專家。很擔心自己防火牆也沒設定，因爲自己也常是24小時沒關機，也幾乎忘記防火牆怎麼設定，思考了一下，印象微軟XP作業系統也有防火牆，趕緊打開「控制台」中的「Windows防火牆」，好險是開啓的。但是，要怎麼證明自己平常都有開，還是把紀錄檔打開好了，其預設存在「C:\WINDOWS\pfirewall.log」；以證明有設定防火牆。

✱筆記✱

三、只有入侵IP的證據，足夠嗎？

無罪推定，是刑事訴訟案件的基本原則。依據刑事訴訟法第154條第2項規定：「犯罪事實應依證據認定之，無證據不得認定犯罪事實。」參酌上述兩個案例，目前許多網路入侵案件，主要證據就是被害情況（如前述遭破壞的資料庫、寶物遭盜取），以及疑似攻擊者的IP紀錄（進一步透過IP紀錄，查悉實際上的申請登記者）。

可是，透過該IP紀錄所追查出的使用者，就會是攻擊者嗎？

未必。

最常見的情況，就是追查到網管人員。可憐的網管人員收到檢方傳票，表示其所擁有的IP，疑似攻擊其他人所有的電腦設備，涉嫌觸犯刑法第358條入侵電腦設備罪、第359條無故刪除、變更他人之電磁紀錄罪，被害人提出告訴，可處3到5年以下有期徒刑。網管人員眼淚都快滴出來了，自己的電腦被駭客攻擊成為中繼站（跳板），還要上法庭接受訊問。

更悲慘的命運，這個中繼站（跳板）還攻擊許多受害電腦，若受害者通通提出告訴，又散居各地，那網管人員可要全省跑透透，接受不同縣市司法機關的調查，以洗刷其莫名而來的冤屈啊！

比較值得欣慰的事情，多數的偵查機關現在比較能瞭解中繼站（跳板）的犯罪攻擊模式，對於網管人員的解釋也較能接受，但仍希望網管人員能提出遭到攻擊的事證，例如電腦中被植入的木馬、不明的登入紀錄等，以釐清真正的犯罪事實與攻擊來源。

所以，光憑IP紀錄與犯罪結果（遭破壞的資料庫），在涉嫌人未承認犯罪的情況下，又沒有其他犯罪事證，恐怕還無法依此將之定罪科刑。畢竟，現在駭客攻擊、木馬程式氾濫的情況太嚴重了。

四、證據如何補強？

若是從執法機關、法院的觀點來說，應該要補強一些事證，才能將犯罪者繩之以法，先將本案現有犯罪事證，以及待補強事證列表如下：

案　例	現有犯罪事證	待補強事證
案例一： 駭客控制我的電腦	IP紀錄	木馬入侵的可能性，例如鑑識被告電腦，發現到底有無木馬程式
	被害情況： 資料庫遭破壞	入侵時間的不在場證明
		關聯性：破壞資料庫的結果與涉嫌人過去任職身分的關連性
案例二： 寶物是駭客偷的	IP紀錄	木馬入侵的可能性，例如鑑識被告電腦，發現到底有無木馬程式
	被害情況： 寶物遭盜取	入侵時間的不在場證明
		可能性：從連線品質角度觀察，以被告為跳板，玩線上遊戲之可能性

參照上表，就本案待補強事證的部份，本文提出思考方向：

(1)木馬入侵的可能性

駭客有無可能透過木馬程式控制其電腦，可以透過專業鑑識人員進行分析，但要特別注意的事情，有下列兩點：

A、沒有在被告的電腦中找出木馬程式，不代表電腦中沒有木馬程式。

B、即使在被告的電腦中分析出木馬程式，也未必與攻擊行為有關係。

(2)關連性

離職員工因心生不滿而入侵原公司系統，常會發現使用過去的帳號，或盜用其他的帳號，或刪除的內容與過去職務有關係，這些都可以作為補強的證據，也可以排除駭客入侵的可能性，藉以作為認定涉嫌人有罪的基礎。

(3)關聯性及可能性

第240頁案例一中，涉嫌人有沒有進行資料庫破壞之動機？例如是否因表現不佳遭革職而心生不滿？第241頁案例二中，透過操控他人玩線上遊戲，是否會嚴重降低使用品質，有無可能性？經過實機測試的效果如何？都可以透過法庭呈現，強化法官的心證。

數位犯罪需要更嚴謹的採證

「CSI犯罪現場」影集中，對於狡詐的歹徒，執法人員以細膩的偵查手法，抽絲剝繭般地進行追查，才能在重視證據的法庭上，讓正義獲得伸張。數位時代的犯罪現場，也是一樣。「木馬抗辯」，如同宣告數位犯罪，必須以更嚴謹的態度面對，執法人員才能發現真正的網路犯罪事實。

實務上對於被告的辯解，部分採取較為嚴格的態度，不讓被告能空言辯解，甚至於認為只要有IP紀錄就夠了，如前述台南高分院的見解：「追查竊取其寶物者所使用的電腦網路IP位置，再進一步追查IP位置的申請者係被告，依現有科技水準，若無法證明本件確有駭客入侵，依現有資料，已可認定竊取甲○○寶物之人即係被告。」似乎是認為被告提出木馬抗辯，就應由被告舉證駭客入侵，所以被告似乎應該鑑識自己的電腦，判斷有無遭到木馬入侵，才能做為自己木馬抗辯的基礎。否則，有了IP紀錄，被告還要辯解什麼？！

不過，前述台南高分院還是有審查許多犯罪事證，引用該判決的見解：「查獲的嫌疑人若辯稱係駭客入侵，應審究個案之各項具體事證，綜合評斷，不能以無法排除駭客入侵之可能，即謂相關的電腦犯罪應一律為無罪之諭知。」

《高等法院臺南分院95年度上訴字第533號刑事判決》

延伸閱讀 《溢波抗辯》，本書第248～256頁。

● 溢波抗辯

一、認識無線網路之溢波入侵

訴訟上與無線網路比較常見的情況，通常是當事人被指控入侵、寄送惡意郵件、竊取商業機密資料等案件時，如果真的不是自己所為，但是往往搞不清楚到底發生了什麼事情，於是指稱是駭客入侵、無線網站溢波遭人所盜用。

但是，這樣子的辯解就夠了嗎？可以拿出何種證據來證明自己的清白呢？

從法院上的判決來看，單純的口頭辯解似乎仍有所不足。畢竟從客觀事實上來看，確實有一定的事證，如入侵IP可知來源是從被告的電腦而來，這種情況，好比是人頭帳戶的情況，一般人並不會將自己的帳戶交給他人使用，即便遭到盜用的情況，也會立即報警處理。人頭若認為自己是清白的，必須舉證證明自己的帳戶為何會成為犯罪集團利用的工具？為何帳戶的錢會從自己的帳戶轉到其他犯罪集團的帳戶？

因此，IP遭盜用的情況也有一點類似，只是IP遭盜用的問題似乎層出不窮，確實有許多人是真的被盜用的情況。不過，從舉證責任的角度來看，被告應該提出更具體的資料來證明自己的清白。否則，法官判決被告有罪，被告或許只能乖乖地服刑。（參照前述高等法院臺南分院95年度上訴字第533號刑事判決，本書第236、242、247、275頁）

二、什麼是溢波抗辯？

現在許多網路使用者，會在家中安裝無線基地台，如果沒有進行加密，或者是縱使進行加密，但因為加密的安全性不高，若有心人士在無線基地台可傳送的距離範圍中，就能夠盜用其無線溢波，透過其網路進行上網瀏覽或甚至於其他不法的行為。

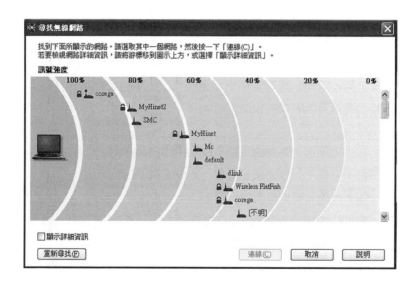

一般電腦都具備搜尋附近無線網路的功能，如上圖，找到附近十個基地台。該等基地台依據無線網路的強度，以百分比％的方式來呈現，愈接近100%，代表強度愈強；如果沒有加上「鎖」的圖案，代表該網路沒有加密，只要強度夠，可以連結到該基地台，就有機會透過該無線基地台連上網路。

《 案例一：駭客盜用我的無線溢波！》

以下先舉一個實務上實際發生的案例：

甲君曾為A公司的資訊管理人員，遭A公司資遣，疑似心生不滿，遂利用其住處裝設之ADSL專線上網，入侵攻擊A公司系統資料庫，將資料庫資料進行破壞、刪除。A公司發現資料庫遭到破壞，導致嚴重損失後，遂向執法機關報案。

經追查後發現，入侵來源的IP紀錄，源自於甲君住所，遂將其約談到案說明，檢察官認為事證明確，於是將甲君起訴。以下讓我們看一下法庭中的攻防對話：

法　官：檢察官，如何認定該入侵為甲君所為？

檢察官：依據A公司的log紀錄檔，入侵IP為甲君所申請。

法　官：甲君，該IP是否為你所有？

甲　君：該IP確實為我家中ADSL申請所有，但我並沒有入侵及破壞A公司的資料庫。

法　官：那為何別人的log紀錄檔會有你的IP紀錄，顯然是你入侵所為，如何解釋？

甲　君：雖然該IP為我所有的固定IP，但並不代表是我所為。應該是我家使用無線網路未設密碼，駭客透過無線基地台的溢波，利用我的網路寬頻，進而攻擊A公司網路系統的資料庫。

甲君的辯解會成立嗎？

　　如同前述的木馬抗辯，檢察官手中的證據也只有log紀錄檔，以及遭破壞的資料庫，在甲君沒有自白承認的情況下，也沒有入侵電腦的技術背景或前科、無線基地台若又沒有設定密碼，亦無其他證據補強，恐怕法院只好朝無罪判決的方向思考。

＊筆記＊

《 案例二：騙人，駭客才沒有盜用你的無線溢波！》

甲君為Ａ公司負責人，Ａ公司與Ｂ公司（Jenhong）屬商業競爭關係，甲君為打擊Ｂ公司，利用其住處裝設之ADSL專線上網，冒用「Jescia」等名義，使用jescia@xxx.com電子郵件等信箱，撰寫如下表格中內容之信件：

寄件者	jescia@xxx.com
收件者	rafael@xxx.cl（Ｂ公司的外國客戶）
標 題	Be justice of my friend from jennhong Enterprice
內 容	我（Jesica）是jennhong公司前會計部門的人員，我已被Stella 及Cherrie開除，請不要再和Stella 及Cherrie做生意，因為她們不誠實，她們每次從國外顧客那邊以沒有利潤的訂單取得金錢，卻告訴臺灣的製造商有很大的訂單，臺灣的製造商並不支持她們，她們卻拿這些錢供自己消費，這行為在臺灣是非法的，我是基於正義感告訴你這些事實。

◎甲君辯解

甲君遭逮捕起訴後，其辯解如下：

B公司負責人乙及員工均曾在A公司任職，熟悉甲君的事務。因甲君在自家裝設無線基地台，任何電腦搜尋到該基地台者，不需任何帳號及密碼即可上網，且無線基地台無線傳輸距離室內為45公尺、室外約90公尺，於此距離內皆可進行截波竊取資料及透過無線基地台上網發信。

被告提出OFFICE電腦雜誌所刊登之文章影本1份，在無線基地台周圍45公尺至90公尺之電波涵蓋範圍內，存有由他人利用電腦截取無線網路上所傳輸資料之可能。

◎法院見解

然法院並不接受此一見解，認為該文章僅提及他人得利用無線基地號台「截取無線網路上所傳輸的資料」，此與利用無線網路上傳電子郵件應予區別，而利用網際網路上傳資料所需之速率、頻寬均較接受資料大，其能利用無線基地台電波之範圍，自比上開雜誌所表列之範圍小。

另外，法院也提出下頁見解：

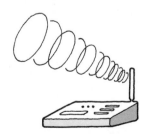

事　實	證　據
甲君擁有210.19.162.xxx及210.192.164.xxx等IP位址，B公司之客戶收到前述電子郵件，是由這兩個IP所寄送出來的信件。	客戶信箱轉寄之電子郵件及歷程列印單27張。ISP業者（台灣電訊）回函：210.19.162.xxx及210.192.164.xxx之IP位址，於○年○月○日○時○分○秒、同年月○日○時○分○秒二時段，除被告所申請租用之ADSL線路及所使用之無線網路基地臺以其申請之ID帳號「paulhsu」上線使用外，別無其他帳號使用等語。
無線基地台傳送電波之距離，本因所處環境是否有阻擋物、其他發射電磁之設備或氣候狀況之不同而受影響，並非在電波涵蓋範圍內均能隨時隨地接收無礙。除非於被告住所社區內部，否則難以於良好之連線品質下接收被告之無線基地台電波。	門口進出管制，外人不得擅入，難以接近甲君住所，利用甲君無線基地台的溢波。 委由鑑定人在本院勘驗時所指定地點，接收無線基地台之數量及品質，其結果為： ■在被告住所客廳矮櫃處，測得包括被告裝設之「Paulhsu」帳號等4個無線基地台電波，被告帳號電波連線品質為64%。 ■在被告住所外之社區圍牆內側處，測得包括被告帳號等15個無線基地台電波，被告帳號電波連線品質為59%。 ■在被告住所外之緊鄰社區圍牆外側處，測得包括被告帳號等13個無線基地台電波，被告帳號電波連線品質為25%。 ■在被告住所之社區○○路邊，測得15個無線基地台電波，但並未包括被告帳號之無線基地台。 而上開地點，僅位於被告住所內部，及該社區內部緊接社區圍牆內側處之測量地點，可良好連線上網，社區圍牆外側處之測量地點，尚可連線上網，至於被告住所之社區○○路邊，即完全無法接收被告裝設無線基地台所發射之電波。

《臺灣臺北地方法院95年度訴字第1018號刑事判決》

三、律師思考點——任何人均有可能盜用無線溢波

綜觀本案，被告主張可能是告訴人盜用其無線網路之溢波。實際上，任何人均可能盜用無線網路之溢波，例如在家以無線網路上網時，可能附近也有許多使用無線上網的住家，結果因為強度都很高，導致一不小心居然連上其他住戶的無線網路上網。

因此，被告若以無線溢波遭人盜用，倒也不必主張一定是告訴人所為，很有可能是附近鄰居所盜用。否則，若主張是告訴人所為，則法官可能會基於下列理由，不採取告訴人之見解：

(1)審酌社區之出入管制：認為告訴人根本不可能進入社區盜用被告之無線網路。

(2)無線網路設定名稱：原則上，告訴人不可能知悉被告使用無線網路所設定之名稱。

四、法官的思考點——環境證據補強

如果被告主張任何人均有可能盜用無線溢波，而事實上本案「在被告住所外之社區圍牆內側處，測得包括被告帳號等15個無線基地臺電波，被告帳號電波連線品質為59%。」顯示至少在前述社區範圍內，任何人均有可能盜用被告之無線網路溢波。

這時候，雖然任何人均有可能在前述環境中，盜用被告之無線網路溢波上網，法官的思考點，包括下列幾點：

(1)是否有人可能知道被告與告訴人之間的紛爭，而寄發前述內容的電子郵件？

(2)告訴人私下聘用社區內的住戶，故意侵入來栽贓？

　　如果沒有這種可能性，則告訴人以外之人就可以先行排除。例如被告的鄰居可不可能知道本案告訴人公司的名稱、告訴人客戶公司的名稱？如果不可能，則告訴人的鄰居會盜用無線網路溢波的可能性就大幅度地降低。因此，本案中的電子郵件內容可以補強犯罪證據的不足。接著，再以住戶的出入管制情況，又可以排除告訴人侵入社區盜用被告無線網路溢波的情況。

　　既然都沒有人有動機或入侵可能性，則被告主張遭他人盜用無線溢波之辯解，就比較欠缺立論基礎，加上其使用的IP為寄送該等電子郵件的IP，透過經驗法則的分析與判斷，自然可以做出不利於被告之判決。

　　再次引用台南高分院之判決見解：「查獲的嫌疑人若辯稱係駭客入侵，應審究個案之各項具體事證，綜合評斷，不能以無法排除駭客入侵之可能，即謂相關的電腦犯罪應一律為無罪之諭知。」

　　　　《參照高等法院臺南分院95年度上訴字第533號刑事判決》

6.

P2P

● **什麼是P2P？**

　　所謂**Peer To Peer Computing**「點對點（或同儕對同儕）分散式網路架構」，是指一種在兩台以上之電腦間，彼此直接分享對方電腦資源的網路傳輸型態，有別於傳統之網路使用者一定要連結上某網站的伺服器，才可以下載取得檔案之主從式架構作業模式，亦即每一個網路使用者可以兼具使用者端及伺服器之特性，使用者間之地位係對等而非主從關係。

　　各種不同的**P2P**軟體運作方式有所不同，甚至於相同的軟體但不同版本也有不同的運作方式，必須個別瞭解。

　　P2P是許多網路使用者常用的分享軟體，藉此可以免費取得許多檔案資料，例如文件檔案、音樂檔案、影音檔案等，也因為分享檔案的原因，導致許多享有著作權檔案被分享而侵害，也有許多當事人的裸露照，被分享上網後，快速傳播到全世界，例如過去曾經發生過的筆錄外洩事件，內容包括性侵害筆錄、包養筆錄等不堪入目之內容，都因為**P2P**軟體之使用不當，使得這些警方的筆錄外洩，造成當事人的二度永久傷害。常見的共享軟體如**emule**、**edonkey**等。

《 分享女友性愛照 》

　　被告甲不甘與女友分手，將之前拍攝的影片，透過emule分享。被告一下子辯稱有拍攝但沒有上傳，事發前半年已經刪除，一下子又承認曾經選取整個硬碟上傳，以換取更快的下載速度與更多的下載點。

《臺灣臺北地方法院100年度易字第1301號刑事判決》

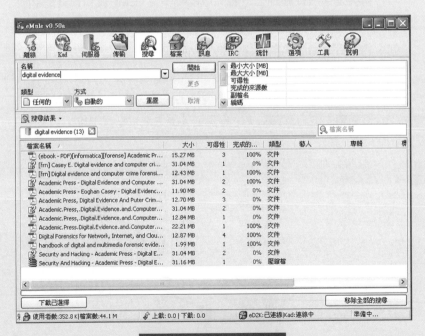

Emule分享軟體

　　本案為了判斷當事人所言是否為真,也委請專家到庭說明,從專家的證言來認識emule軟體:

一、eMule軟體,是P2P也 就是點對點傳輸的軟體,使用該軟體,若把資料夾打開,會把電腦資料夾的檔案傳輸出去。

二、在軟體安裝後,如果有特定 的資料分享,可以用手動點選欲分享之資料夾,其他人就可以透過eMule軟體取得資料夾裡面的檔案,也就是若要將資料分享給他人,使用者要把分享的資料放在所選取要分享的資料夾。

三、安裝軟體後,有INCOMING及TEMP二個資料夾,INCOMI NG資料夾是存放從網路上下載完成的檔案,TEMP資料夾則是存放下載中的檔案。

四、若要分享電腦內資料,就是要點選已分享資料夾,去選取要分享的資料夾或是磁碟機,若不特別去點選要分享的磁碟或是資料夾,磁碟及資料夾內的訊息理論上不會被分享,軟體預設安裝並沒有預先的分享資料夾,是需要人為去把它點選出來。

由上而下分別是「新進檔案資料夾」、「暫存檔案資料夾」、「已分享資料夾」。
左下角顯示本軟體版本。

本軟體的版本差異紀錄檔，有提供時間與軟體功能差異，可對照當事人使用版本，查出該版本的功能與當事人所言是否相符。
不一定每種軟體都會提供此種差異分析說明。

在P2P發展之過程與相關案例中,一定會提到Kuro和ezPeer案,一個有罪、一個無罪,非常值得討論,也有許多與數位證據有關係的證據。唯討論此二案例之前,應先探討P2P兩種略為不同之架構:

● 第一種架構─集中式P2P架構

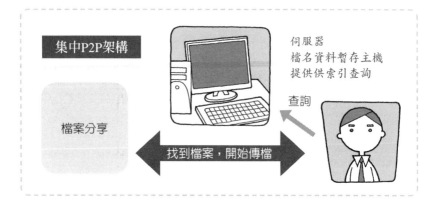

雖採用P2P之分散式檔案共享設計,但為爭取搜尋效率,仍設有伺服器提供檔案資訊之索引,以提高搜尋效率,亦即使用者個人電腦透過中介之網路連線服務,連接至伺服器,將分享之檔案索引上傳至伺服器以建立資料庫,供其他使用者索引查詢。伺服器本身不儲存檔案內容,僅扮演媒介之角色,告知使用者何處有其所欲下載之檔案,檔案內容之傳輸仍係發生於使用者與使用者間。

● 第二種架構─分散式P2P 架構

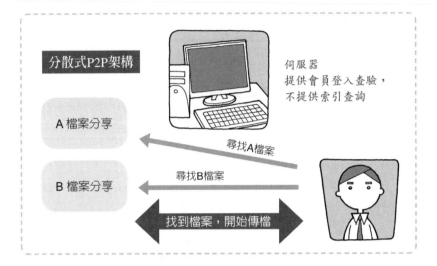

分散式P2P 架構未設置伺服器來執行檔案名稱或索引之管理，使用者係自行向其他使用者搜尋相關檔案，所有之搜尋及傳輸均發動及完成於使用者之間。由於集中式P2P 架構下之網站並非僅是一個資訊的被動傳輸管道，而是提供蒐集之索引資訊，並告知使用者有關存放相關資料之其他使用者之網址，雖網站本身未為重製及傳輸，其檔案資料之儲存係存於各使用者個人電腦內，並未儲存於中央伺服器內，檔案資料之傳輸亦不透由中央伺服器，係由各使用者間連線下載而傳輸。故前開二種檔案傳輸方式的差別，在於是否由中央伺服器提供檔案索引查詢（即所謂「索引伺服器」，又稱「檔名資料暫存主機」），致使網站管理者就使用者傳輸之檔案內容，有控制、監督及過濾之功能。

《高等法院94年度矚上訴字第5號刑事判決》

● Kuro與ezPeer案的比較

　　在介紹Kuro與ezPeer兩案的內容之前，先透過簡單的比較表，能快速地瞭解兩個判決結果為何會有如此大的差異。

案名	ezPeer案	Kuro案
判決法院	士林地方法院	台北地方法院
判決字號	高等法院94年度上訴字第3195號刑事判決、士林地院92年度訴字728號刑事判決	高等法院94年度矚上訴字第5號刑事判決、台北地方法院92年度訴字第2146號判決
判決結果	無罪	有罪
系統架構	法院認為區別P2P 系統檔案搜尋模式為「集中式」或「分散式」於刑法評價上並無價值。	法院認為Kuro採集中式之P2P架構
有無侵權	ezPeer並未從事著作權上侵權行為，實際侵權者為ezPeer軟體之使用者。	Kuro有不確定犯罪故意（如大幅廣告吸引會員） Kuro負責人有透過自己的員工，在網路上以假會員身分提供其他會員下載檔案。 法院認為Kuro根本就已經介入會員間的行為，構成共同正犯。
其他見解	ezPeer的行為模式根本打破既有著作權法對於著作權侵害的定義，著作權法儼然出現了漏洞，而此漏洞顯然為實體世界法規範對象與網路科技所形成之生活形態有所落差所造成。此漏洞不僅不得以任何類推或擴張解釋之方式補充，更應該嚴格解釋。	

● Kuro案

一、案例事實

甲等人經營飛行網公司，推出Kuro之P2P軟體點對點檔案傳輸服務，以提供使用者免費交換MP3為主要業務。Kuro建立集中檔名管理之資料庫，供會員搜尋MP3 音樂檔案。檔名索引伺服器提供及協助搜尋者找到特定檔案並下載，但實際交換檔案的行為，則由會員間相互完成。飛行網之軟體及各伺服器主機乃構成一個整體之服務，管理、操控會員付費才得使用其服務，否則即拒絕服務。

甲等人明知且可預見其提供此類服務予會員，將影響眾多音樂創作或其他著作權人之權利，仍於Yahoo、PChome、3cc流行音樂網等網站上，刊登「五十萬首最新MP3，無限下載」、「MP3流行排行，一次抓完」、「超過百萬首國語、西洋、日韓最新MP3、歌詞，通通抓到」等廣告，吸引使用者加入會員。

甲等人又為求快速擴充可供交換之MP3 檔案以招來會員，還以假會員的方式，僱傭乙維護其所成立之「彰化洗歌站」等公司，大量購入市面所銷售之CD，再以軟體轉檔為MP3格式，並上傳至飛行網公司之電腦內。

二、被告辯解

Kuro軟體為中性之科技（註解①），飛行網公司僅提供該軟體，輔助會員加快搜尋之速度，會員係搜尋檔案名稱，伊無法得知檔案內容，當然無法判斷是否為享有著作權之著作。

　　Kuro軟體應為市場機制重新分配商業利益問題，最多為民事糾紛，不應隨意動用刑罰此一侵害人權之最後手段，迫使被告終結其科技工作，並忽視其他大眾利用新興科技及利用著作之權利。

> 註解：⋯⋯⋯⋯⋯⋯⋯⋯⋯⋯⋯⋯⋯⋯⋯⋯⋯⋯⋯⋯⋯⋯⋯⋯⋯⋯
>
> 　　①所謂中性之科技，是指Kuro軟體所提供的P2P服務，只是單純提供使用者相互之前傳檔之功能，使用者傳送的檔案內容，是否屬於侵權，並非Kuro軟體所能知悉與控制。

三、法院見解

1. Kuro採集中式之P2P架構：

A：IFPI委託對Kuro網站之營運架構作觀察與研究之國立交通大學資訊科學系教授林盈達證稱：會員下載軟體，無法不經過Kuro伺服器主機，而由二個會員直接聯絡傳檔，因為用戶端軟體要先進行登入、驗證，也需要依靠檔名索引伺服器找到彼此等語。

B：雖然證人林Ｘ達觀測之上述結果，與被告之辯護人於原審當庭操作Kuro軟體勘驗在啟動防火牆，阻絕與所有檔名索引伺服器之連線，只留下身分驗證主機之情形下，用戶端仍可與兩台會員之電腦連線進行搜尋之結果有所不同，惟被告之辯護人勘驗之時間點與證人林Ｘ達觀測之時間點不同，而Kuro網站系統之設計及運作方式係在被告飛行網之掌控下而可不斷變更，則辯護人於原審當庭勘驗所得出之結果，僅能證明此一時點被告飛行網公司系統主機之運作情形，尚難以此即否認證人林Ｘ達所為觀測結果之正確性。（註解②）

註解：...
　②被告的律師以勘驗的方式，透過實機的操作，讓法官看到
　　並不需要主機的居中牽線，Kuro平台的使用者也能夠互相
　　連線進行搜尋。

　　這種作法，必須要注意者，在於該平台的設計者是否會事後修改
程式，導致法庭呈現的結果，與實際事發當時的情況有所不同。本案
在《尋夢園案》（請參照本書第292頁）也有類似的情況，但該案法
官則採取實際看到的情況為判決的依據。

2. 不確定犯罪故意

A： Kuro軟體之提供者明知其所提供予他人使用之科技，可能被
用以作為犯罪之工具，但為了追求自身商業利益，竟對外以
該科技具有此一功能為主要行銷方式，誘使他人付費使用或
購買，則其對於將來使用者利用該科技作為犯罪工具，造成
法益被侵害之結果及因果歷程，自然係其事先可預見，且不
違背其以該科技供使用者作為犯罪工具之本意，自可認其具
有不確定之犯罪故意。

B：誘使不特定人加入，鼓勵其利用Kuro軟體大量公開傳輸下載
告訴人等享有著作權之流行歌曲，則其對於眾多未經著作權
人之同意或授權重製之會員，將利用其提供之軟體及平台服
務違法大量交換傳輸、下載重製著作權人之著作此一結果，
顯可預見，而不違背其供會員以該軟體作為違法下載公開傳
輸、重製工具之本意。

3. 假會員

被告辯稱：參酌告訴人所提之扣案電腦畫面所示「被告使用之扣案電腦FTP軟體二站台前次連線之時間」，可以發現扣案電腦安裝之FTP 軟體或未曾使用或早已停用云云，證明被告並沒有上傳檔案。法院認為：透過IP網段的分析，發現侵害著作權會員使用者的IP都出自於該網段，及向ISP（數位聯合電信）函查結果，發現被告租用網段的實際使用流量圖，92年3月間仍有大量之使用流量，藉此判斷飛行網公司有透過假會員的方式，進行實際的侵權行為。

● ezPeer案

一、案例事實

甲經營全球數碼公司，推出ezPeer之點對點檔案傳輸服務，採取集中式之P2P架構，以提供使用者交換MP3格式之錄音檔案。使用者付費後，即可取得無限下載之權利。使用者搜尋到他人分享的音樂檔案後，下達下載歌曲之指令，二會員間直間建立連線，進行MP3檔案之傳輸、下載。此外，ezPeer採行鼓勵機制：被告全球數碼公司或製作MP3檔案之交換次數排行榜，使會員於點選進入後，可不用自行輸入文字，即可快速下載最新流行之排行榜歌曲，或以贈送P元，或以延長使用期限之種種方式，鼓勵會員用力分享檔案，加速檔案之散布。

二、被告辯解

主機主要僅負責客戶端軟體登入時，認證軟體使用者之帳號密碼及使用權限，以解除付費者的試用限制。客戶端軟體搜尋，或下載的步驟都在客戶端軟體所形成的自主P2P分散式架構自由進行。

三、法院見解

(一)區別P2P系統檔案搜尋模式為「集中式」或「分散式」於刑法評價上並無價值。

(二)ezPeer並未從事侵害著作權行為，實際侵權行為者為ezPeer軟體之使用者。

(三)舊法無法規範新科技行為：

被告甲之的行為模式，根本打破既有著作權法對於著作權侵害的定義，著作權法的舊制度儼然出現了漏洞，而此漏洞顯然為實體世界法律規則規範對象與網路科技所形成之生活形態有所落差所造成。著作權刑罰上之漏洞不僅不得以任何類推或擴張解釋之方式補充，甚至應該嚴格解釋，當然，在此嚴格的罪刑法定主義之下，必然有些許模糊地帶之利益（可能夾帶著龐大的經濟效益）被排除在著作權刑法保護對象以外，但此為法治國家所不得不然。被告甲之行為，既為現行著作權法所不處罰，即應為無罪之諭知，其執行業務之被告全球數碼公司，並應為不罰之宣告。

● 誰是資料的分享者？

一、財稅資料外洩案

某水果日報大篇幅報導，民眾的財稅資料外洩，在FOXY中可以搜尋到許多民眾的財稅資料，這些資料疑似從財稅資料中心資料庫外洩出來。

財稅資料中心駁斥資料外洩說，認為報導中所載網路上洩漏的個人財稅資料者，應該都是民眾不小心使用FOXY，卻因為分享功能沒有設定好，導致不該分享的檔案也分享出去了。財稅資料中心緊急將

個人報稅檔案軟體修正，以後報稅檔案必須要輸入一些個人資料，才可以讀取之。FOXY也應調查局要求，修改分享的設定流程，降低民眾不小心將私密檔案分享出去的機會。

排除調查法

該怎麼調查，才能知道是誰分享了檔案？

可以透過特定封包解析軟體，追查分享者的IP位址，若發現均非財稅資料中心所屬網段，可以初步推論非財稅資料中心所「直接」外洩，而是資料擁有者或其他取得資料者所外洩。

二、性侵害光碟案

檢方追緝毒犯時，在毒犯家中發現一捲疑似性侵害的自拍錄影帶，嫌犯辯稱是上FOXY下載而來，該如何調查到底是哪些人分享此檔案？

其中，有許多檔案會遭到改名，甚至於改成非常奇怪的檔名，造成無法追查到所有分享者的結果，該怎麼辦？

7.

中繼站

● **認識中繼站**

　　中繼站，又名跳板，指遭犯罪者控制的電腦，作為間接攻擊其他電腦之工具。這些中繼站，有如魁儡一般地為人所操弄，所以也有稱之為魁儡電腦。透過中繼站進行其他犯罪行為，可以降低遭到執法機關追查之風險，也是資訊犯罪者較常使用的犯罪手段。

　　透過跳板進攻受害端，可能是為了竊取受害端的機密資料、遊戲寶物等，也可能是為了控制更多的電腦，組成殭屍網路、botnet，透過控制這些電腦，進行更大規模的恐怖攻擊，例如DDoS的攻擊。

　參考實務見解

　　利用旺玖公司、群豐公司、協固公司、大時公司、寶雅公司、友大公司、蕃薯藤公司及智富網公司之電腦為跳板主機，以隱匿其來源IP位置…

《高等法院92年度上訴字第3253號刑事判決》

中繼站示意圖

攻擊者

中繼站

中繼站

攻擊

攻擊

受害端　　受害端　　受害端　　受害端

● **誰是真正攻擊者**？

　　這些被控制的中繼站，客觀上觀察，似乎是攻擊的主體，若遭被害人指控為攻擊者、犯罪者，又該如何自處？這些都是實務上經常發生的情況，一般企業主應該要瞭解相關舉證知識，以避免成為代罪羔羊。

　　以下先舉出常見的三種情況：

A：　駭客透過A入侵B，A公司常收到檢警約談通知書，並要求證明不是A所為，請問A公司該怎麼辦？

B：　B政府機關發現資料被竊，A是入侵來源，經檢警搜索後，確實發現A公司電腦系統中有B機關的機密資料。A公司大聲喊冤，並表示可能是遭入侵，請問A公司該怎麼辦？

C：　B收到來自於A所寄的垃圾郵件（SPAM），都是有關猥褻物品或大補帖資訊，逐向警方檢舉，經搜索A公司後，確實也在A公司電腦系統中發現電子郵件的寄件備份。A公司大聲喊冤，並表示可能是遭入侵，請問A公司該怎麼辦？

　　在本書第160～165頁《木馬信件不是我寄的！》，提到的情況與本案例並不相同。前者是指犯罪者取得被害人E-mail信箱的帳號密碼，然後從大陸地區寄送E-mail給通訊錄中的名單，屬於「直接攻擊型」；本頁所提到的三種情況，則是駭客控制被害者電腦後，利用被害者之電腦進攻其他電腦，屬於「間接攻擊型」。以下圖區分如下：

律師思考點

　　前文曾多次引用台南高分院之判決，其見解認為：「查獲的嫌疑人若辯稱係駭客入侵，應審究個案之各項具體事證，綜合評斷，不能以無法排除駭客入侵之可能，即謂相關的電腦犯罪應一律為無罪之諭知。」(參照高等法院臺南分院95年度上訴字第533號刑事判決)

　　此一判決見解對於入侵者如同敲醒了喪鐘，讓入侵者知道不是隨便說個木馬抗辯，就可以主張自己無罪；但是，對於無辜被入侵者也是一大打擊，該如何更具體地證明自己無罪呢？

在間接攻擊型，律師在面對當事人尋求協助時，最佳的辯護策略，在於協助當事人發現電腦系統中的惡意程式。其建議步驟如下：

Step 1	尋求專家協助 惡意程式之發現屬於技術性的工作，建議由專家以第三人協助分析，常見的方法從最基本的防毒軟體、線上流量異常分析，到特殊工具軟體分析等。
Step 2	分析惡意程式性質 找到惡意程式後，應由專家分析該惡意程式之性質與功能，提出鑑識報告，描述犯罪者如何利用惡意程式，操控被害人A之電腦，並進而攻擊被害人B的電腦。但是，也未必能分析出犯罪者如何使用該惡意程式，只能針對惡意程式之功能與可能危害進行分析。
Step 3	進行辯護 利用專家提出之鑑識報告，作為被害人A欠缺主觀犯意，亦無客觀犯罪行為之事證。

本書見解

中繼站、跳板、殭屍電腦等，無論採用何種名稱，此種犯罪手法相當常見。但是，也難以排除是假駭客入侵之名，行犯罪之實。實務上的偵查過程中，依舊常見執法機關直接以搜索中繼站所屬機關，作為偵查之手段，或者是約談相關人士到案說明，如機關負責人或機關網管人員。

法官該如何判決呢？

又想起法院判決最常見的一段話「按犯罪事實應依證據認定之，無證據不得認定犯罪事實」。可是這類型的案件，通常都有一大堆的事證，例如入侵IP、被竊取的國家機密或商業機密，實在讓法官很為難，只能靠專家幫忙解套了。

不過，有些情況則是「叫天天不應、叫地地不靈」，被害人A因為覺得系統怪怪的，就把整個系統重灌，若資料難以還原，則難以借重專家之手，洗刷自己的清白。這時候應該注意下列各點，與專家進行討論：

■ 系統重灌，資料是否還有機會回復？

■ 光憑入侵IP，可以作為足夠的犯罪事證嗎？

■ 被告有入侵被害人的動機嗎？

■ 被告平時工作性質與電腦有密切關聯性嗎？

■ 若資料能回復，找到遭竊的機密資料，卻找不到控制電腦系統的惡意程式，是否導致湮滅事證的質疑？

8.

干擾電腦系統罪

● 無故入侵電腦系統設備罪

一、立法背景

對於無故入侵他人電腦或其他相關系統設備之行為，採取刑事處罰，已是世界各國的立法趨勢。況且，電腦系統遭惡意入侵後，網管人員須耗費大量之時間、物力進行檢查，始能確保電腦系統之正常運作。因此，這種行為之危害性相當高，已經可以達到以刑事制裁遏止犯罪之必要性。

二、法律規定

刑法第358條規定：「無故輸入他人帳號密碼、破解使用電腦之保護措施或利用電腦系統之漏洞，而入侵他人之電腦或其相關設備者，處3年以下有期徒刑、拘役或科或併科10萬元以下罰金。」

三、構成要件判斷

(一) 無故：是指沒有正當理由。

(二) 下列行為之一：

　1. 輸入他人帳號密碼：例如隔壁同事從網路上得到一張林志玲最新的宣傳照，但就是不願意分享給其他同事。趁其上廁所之際，跑到其座位上，但必須輸入螢幕保護密碼，逐翻找其桌面，果然其將密碼貼在螢幕側面，輸入之後即進入電腦系統中，成功複製林志玲的檔案。

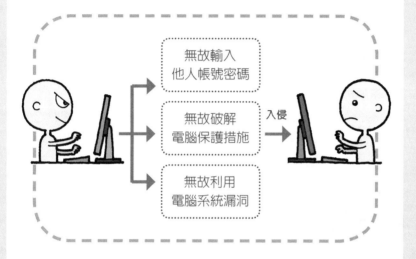

無故入侵電腦系統設備罪構成要件示意圖

無故輸入
他人帳號密碼

無故破解
電腦保護措施

入侵

無故利用
電腦系統漏洞

入侵

本罪必須要入侵他人之電腦或其相關設備，如果只是攻擊，但尚未達到入侵的結果，因本罪不處罰未遂犯，所以並不成立本罪。例如一直以「暴力破解法」輸入他人帳號密碼，欲進入他人之系統，但一直無法破解成功，則尚未成立本罪。

過失入侵無線基地台

因為現在無線基地台的應用相當廣泛，許多人在自家架設無線基地台上網，附近住戶有時候在搞不清楚的狀況下，連上隔壁鄰居的系統，使用他人網路頻寬，符合本罪之客觀構成要件。本罪目前並未處罰過失犯，而過失犯以法律有明文規定者為限，故此種非故意侵入他人無線網路之行為，並不構成本罪。

2. 破解使用電腦之保護措施：例如電腦系統有安裝防火牆、入侵偵測系統，如同大樓的圍牆與監視器，入侵者避開這些設備而入侵電腦設備者，即構成本罪。

3. 利用電腦系統之漏洞：例如微軟系統有許多漏洞，必須連線更新進行patch(修補)，此時攻擊者趁還未patch之前，利用此一漏洞進行零時差攻擊而入侵，即構成本罪。

(三) 入侵：若尚未入侵，則不成立本罪。

[名詞解釋：零時差攻擊]

　　有許多系統漏洞，從發現到系統設計商撰寫程式解決問題之前，有一段時間差，攻擊者利用此時間差進行攻擊，稱之為零時差攻擊(zero-day attack)。

《 台新銀行資料遭入侵案 》

　　台新銀行員工入侵取得邱義仁信用卡資料，疑似轉交給立委邱毅爆料，針對信用卡使用金額過高提出質疑。

審級	案號	判決結果
一 審	臺灣台北地方法院98年度訴字第245號刑事判決	無 罪
二 審	臺灣高等法院98年度上訴字第3246號刑事判決	有 罪
再 審	臺灣高等法院98年度聲再字第464號刑事判決	判決駁回

　　本案二審有罪的理由有些怪異，顯然是對於某些資訊概念的誤認，未必最後的判決有誤，只是這些觀念必須要修正。二審判決中有一個頗受爭議的地方，就是下列內容：

　　「…以違法安裝SP2軟體並開啓防火牆之方式，使台新銀行於97年6月1日至97年7月13日間均無法以IPG監控程式側錄到被告電腦之使用畫面，於破解使用電腦之保護措施後…」

　　　　本段判決內容似乎認為安裝SP2軟體並開啓防火牆，以阻撓監控程式側錄，屬於破解使用電腦之保護措施，此一見解恐怕會讓資訊專家丈二金剛摸不著頭緒。因為所謂SP2，是指Service pack 2，代表著微軟公司提供Windows平台增補檔第2版(將許多增補檔組合成一個檔案)，提供原始版本的更新與升級的服務。目前XP最少是SP3以上，SP2代表的意義反而是安全性不足；所以，為何安裝SP2就可以推導出破解保護措施的行為之一呢？難道是台新銀行不能安裝SP2？該公司安裝SP2會違反內部政策嗎？若真如此，恐怕反而要推論該公司正實施一種不安全的資訊安全政策。況且若真的因為安裝SP2，就會使得IPG監控程式無法側錄到安裝者的電腦使用畫面，該內部監控軟體也太差勁了吧！

　　　　所以，本書認為這一段話難以認定其有破解保護措施的行為。

● 違反保護電磁紀錄罪

一、違反保護電磁紀錄之行為

本條文規範三種行為：無故取得、刪除、變更電磁紀錄。如無故取得同事的林志玲數位照片，即屬於本條犯罪行為。常見的像是商業間諜竊取機密資料，也是構成無故取得，其它像是惡意刪除電腦中的檔案，或者是為了逃避執法機關的追查，而竄改電腦稽核紀錄檔，都分別成立無故刪除、變更電磁紀錄。

二、法律規定

刑法第359條：「無故取得、刪除或變更他人電腦或其相關設備之電磁紀錄，致生損害於公眾或他人者，處5年以下有期徒刑、拘役或科或併科20萬元以下罰金。」

三、實害犯

本條與第360條、第362條，都須「致生損害於公眾或他人」，如果沒有造成公眾或他人的損害，是不成立這條罪名。很多攻擊者侵入他人系統後，為了掩飾自己的入侵行為，竄改系統的電腦稽核紀錄。被發覺犯行後，辯稱受害者只是刪除幾筆電腦稽核紀錄，並沒有受到損害。這種見解並不正確，因為損害並不限於實質上可見的財產損害，若因為電腦稽核紀錄的篡改，導致系統不受到信任，此種可信度之破壞也算是損害的一種，如同跳票被記上一筆信用不良的紀錄。

常見線上遊戲寶物遭盜取流程

駭客　　　　　　仲介商　　　　　　其他玩家

步驟 ①
植入木馬盜
用帳號密碼

步驟 ②
盜取玩家的遊
戲寶物或點數

步驟 ③
透過寶物仲介
商低價賣點數

被害人

　　許多駭客入侵玩家帳號、盜取點數後，也通常會透過寶物仲介商，以低價販售點數，導致被盜玩家向遊戲業者申訴，購買到這種「贓物」的點數，也慘遭遊戲業者停權或將點數「沒收」，引發許多爭議。

　　最常見的被入侵方式，通常是玩家被植入木馬，導致線上遊戲的帳號密碼被知悉，導致遊戲寶物或點數遭盜用。因為入侵者多為彼岸的犯罪集團，導致犯罪追查不易（如上圖）。

● 開心農場偷菜有罪嗎？

開心農場，是知名人脈網站—臉書(Facebook)，所提供的一種遊戲，透過種菜、養動物，在網路建構起自己的美麗莊園。另外，為了增進朋友之間的互動，也讓彼此之間，允許互相竊取各自的蔬菜、水果、雞蛋、牛奶、豬肉等。被竊取者，可以利用系統提供的資訊，瞭解竊取者的身分，被竊者可以到竊取者的農場，也來個竊取的動作。反之，如果不想要做出竊取他人農產品的「違法行為」，也可以幫忙澆澆水、除雜草、殺害蟲，做些有益朋友農田的「無因管理」行為。

此種遊戲中的偷菜作為也引起爭議，有某警察機關曾誤以為此行為業已觸犯刑法第359條違反保護電磁紀錄罪，該當無故取得電磁紀錄之要件。為何此種行為不構成犯罪呢？

主要原因在於此種偷菜的行為，是開心農場遊戲規則中所允許的作為，任何人在玩此一遊戲之際，也都瞭解到自己的菜可能被偷，也可以去別人的農場偷菜，並不構成「無故」的要件，也就是其偷菜的行為是有正當理由。即便構成要件階段均成立，違法性階段，還是可以主張超法規阻卻違法事由中的「被害人同意或承諾」，而阻卻其違法。因此，若是因為玩遊戲中的偷菜行為，就認為觸犯刑法第359條違反保護電磁紀錄罪，恐怕係嚴重之誤解。

開心農場偷菜有罪嗎？

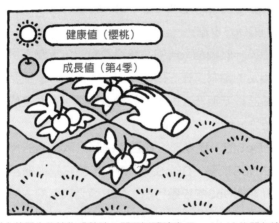

等到別人菜園中的植物成熟時，即可以讓臉書（Facebook）的朋友偷取。

顯示母雞下了55顆雞蛋，自己偷過一顆，剩下54顆雞蛋。

● 什麼是干擾？

一、DoS & DDoS

最常見的當屬「阻斷服務攻擊」(Denial of Service，簡稱DoS)、「分散式阻斷服務攻擊」(DDOS，Distributed Denial of Service Attacks，簡稱DDoS攻擊)。

DoS，由於一般網路系統的系統資源有限，攻擊者可以根據網路系統或通訊協定的漏洞，在一段期間內透過傳送大量且密集的封包至特定網站，使該網站無法立即處理而導致癱瘓，進而造成網路用戶無法連上該網站。

DDoS是DoS的一種變形，係透過網路分散來源的技巧，所以將之稱作分散式DoS攻擊。DDoS攻擊方式在於它是從網路上的許多台主機同時發動類似DoS的攻擊行為，所以遭受攻擊的主機同時面對的敵人數目，將是一定數量來自不同網域的主機，這種獨特之處，使得DDoS攻擊不一定要真正把遭攻擊主機的系統程式給異常終止掉，只需要同時送出遠超過網路負荷，或者是遠超過遭攻擊主機所能允許的最大連線數量的資料，就能達到癱瘓目標網站之目的。

西元2000年2月初，網際網路掀起一場風雨，電腦駭客進行「分散式阻斷服務攻擊」，利用分散於不同地方的多部電腦主機，發送大量封包，迫使網頁伺服器應接不暇，癱瘓受害者所在的網路主機伺服器，使得正常的接通率降到1%以下，並因負荷過重而當機，導致無法服務正常的使用者。包括Yahoo、eBay、Amazon、CNN等知名網站皆一度癱瘓，令世界各地的網路使用者不得其門而入。這種情形就如同有心人士不停地撥電話進某家公司的電話總機，使之佔據有限的電話線路，進而導致該公司無法接通其他正常使用者的來電。

實案追蹤

　　按DDoS攻擊即所謂分散式阻斷式攻擊或分散式拒絕服務攻擊或洪水攻擊，係駭客利用多臺機器同時對一個攻擊目標發動攻擊來達到妨礙正常使用者使用服務為目的。

　　係由駭客使用全球公開之PROXY代理伺服器做為跳板，預先入侵大量電腦主機「俗稱：喪屍、肉雞、替死鬼」，組成僵屍網路（即Botnet），在該主機上安裝DDoS攻擊程式控制主機，執行電腦程式以大量合法之請求（例如大量點選網站上的影片或圖片檔案），發動大規模DDoS或SYN洪水式網路攻擊，創造網路高流量，佔用大量網路資源及系統資源，使之無法向真正正常請求的用戶提供服務，以癱瘓網站導致網站停止服務之攻擊方式。

《臺灣高等法院臺中分院98年度上訴字第1992號刑事判決》

本書見解

　　本實務判決中描述何謂DDoS，可作為其他實務見解撰寫判決書之參考，但仍有些內容可以稍微調整，如下：

1. 駭客改為攻擊者。

2. 組成殭屍網路的過程，未必是限定以全球公開之PROXY代理伺服器為跳板。

二、刑法干擾電腦及系統設備罪

刑法第36章妨害電腦使用罪章中，四種犯罪行為，其中一種就是「干擾電腦及系統設備罪」，其規範如下：

> ＊＊＊《刑法第360條》＊＊＊
>
> 　無故以電腦程式或其他電磁方式干擾他人電腦或其相關設備，致生損害於公眾或他人者，處3年以下有期徒刑、拘役或科或併科10萬元以下罰金。

立法理由

《 DDOS 》

　鑑於電腦及網路已成為人類生活之重要工具，分散式阻斷攻擊（DDoS）或封包洪流（Ping Flood）等行為已成為駭客最常用之癱瘓網路攻擊手法，故有必要以刑法保護電腦及網路設備之正常運作，爰增訂本條。

　又本條處罰之對象乃對電腦及網路設備產生重大影響之故意干擾行為，為避免某些對電腦系統僅產生極輕度影響之測試或運用行為亦被繩以本罪，故加上「致生損害於公眾或他人」之要件，以免刑罰範圍過於擴張。

● 「干擾」怎麼判斷？

一、大眾電信網站遭攻擊案

大眾電信網站遭甲公司以阻斷式服務攻擊，密集地收到33萬筆的無意義傳呼，佔用系統資源，影響系統正常運作，檢方將甲公司起訴。

干擾，刑法第360條干擾他人電磁紀錄罪有明文規定，但其具體內涵卻沒有加以定義，導致實務上該如何判斷構成「干擾」二字，成為一大問題。一般而言，多認為只要影響到「正常使用情況下之有效運作」，就構成干擾。

先看一下本案二審、被告再審理由，以及再審法院之見解：

二審判決	告訴人大眾電信公司網站上既在短期之內，密集遭受33萬筆的無意義傳呼，自會佔據相當的系統資源，而使系統未能如正常使用情況下有效運作，致已該當「足生損害」或「致生損害」。
甲公司 再審理由	「是否造成告訴人之電腦當機或喪失原有處理運算資訊之功能為斷」、「必須是達到嚴重干擾才能成為犯罪行為」、「出於商業或其他目的而不請自來的電子郵件，當被大量寄送或以高頻率濫發時（spamming）時，可能對收信者造成干擾，但只有故意『嚴重干擾』網路通訊，才能被規定為犯罪」，干擾行為必須對系統所有人或經營者使用此電腦系統或與其他系統通信的能力產生重大不利影響。此處重點在於「電腦系統每單位時間的處理容量為何」與「有無進行變更、植入等之干擾，造成當機或喪失處理能力之結果」 …其他在我們加值系統方面，大量的訊息會導致正常客戶要傳送得訊息會延遲發送」，而認定「使系統未能如正常使用情況下有效運作，且使使用之大眾傳送訊息遲緩，核屬事理之當然」等情。惟至今無任何證據顯示那一個訊息有延遲發送，證人江○祥亦明確證述「問：『那天何時那位客戶的訊息延遲發送？』答：『無法回答』」。

高等法院見解	原確定判決已依據法律之規定及證人高○宇、江○祥之供證，敘明理由認定：證人所證之事實均與阻斷式攻擊（DOS）之特性相符合，而告訴人大眾電信公司網站上既在短期之內，密集遭受33萬餘筆的無意義傳呼，自會佔據相當的系統資源，而使系統未能如正常使用情況下有效運作，且使使用之大眾傳送訊息遲緩，核屬事理之當然，此亦與立法理由揭示處罰之要件相符，因此，不論修正前規定「足生損害」，或修法後「致生損害」之要件，均已該當，即已生損害於公眾及他人云云。

《高等法院刑事96年聲再字第170號裁定》
《高等法院刑事95年度上易字第255號刑事判決》
《臺北地方法院94年度易字第485號刑事判決》

由上述案例，再審法院認為視被告的行為是否佔據系統資源，使得系統無法正常使用、有效運作，來作為判斷是否干擾的依據。但是，實務上有時候系統干擾的結果並非一人所為，可能是多人同時的行為，才會造成佔據系統資源，分開來個別觀察，恐怕未必會有佔據系統資源的情況。

例如台鐵訂票系統案，訂票時間通常是早上六點，許多人一大清早起床，等在電腦網路旁邊，據台鐵委託中華電信設計管理的訂票系統，其同時上線的人數大約2,300人次的容量。如果有100個人使用訂票程式，每個人一秒中的訂票量是25，每個人個別觀察，並沒有造成系統負荷過量，但是結合起來，就高達2,500人次，已經超過系統的負荷量了。因此，如果在這樣子的情況下，個人使用訂票程式，構成干擾的要件嗎？

● 是否為干擾行為？

來函鑑定事項三：本案係為合理測試範圍進行測試或針對電腦及網路設備產生重大影響之故意干擾行為，應視其程式執行時執行緒參數、執行時間長短與對方網站頻寬大小及是否影響其提供正常服務而定。……該程式碼為一持續存取網頁內容之程式，是否構成DoS攻擊，可從二點探討：**(1)**取決於執行緒同時執行之數量（決定佔用頻寬大小）及其執行完畢後，與下一批執行緒執行的時間間隔（是否持續存取），以及該程式執行之時間。……**(2)**取決於該存取網站之流量：……」

《臺灣高等法院臺中分院98年度上訴字第1992號刑事判決》

此段文字雖為被告辯解內容，但相關鑑識報告針對是否為干擾之要件，仍值得參考。

一、台鐵訂票系統案

被告下載「訂票程式」、「身分證產生器」等軟體，偽造事實欄所載「宋○琪」等多人身分證統一編號，上網訂購火車票，足以生損害上開被偽造身分證統一編號「宋○琪」等人之權益與鐵路管理局訂票系統之正確性之罪證明確，均應依法論科，核其渠二人所為，均係犯刑法第 220條第2項、第216條、第210條、第360條之行使偽造準私文書罪與干擾他人電腦及相關設備罪。

《花蓮地方法院95年度花簡字第686號刑事簡易判決》

二、尋夢園網頁綁架案

學者亦稱：「未影響到系統效能，應不該當本罪…至於影響系統效能到什麼程度方能認為是致生損害，很難量化，必須透過實務逐步累積案例。」（參見葉奇鑫著「刑法新修正妨害電腦使用罪章條文簡介」

《高等法院95年度上訴字第3830號刑事判決》

三、DOS干擾案

被告某甲連續利用wwwhack.exe程式透過上述開啓之傳輸埠以每秒一次至二次之速度持續大量向上述網站伺服器主機傳送封包（pocket）要求讀取資料，致使該主機無法正常回應其他用戶端封包遞送之請求，影響該網站之正常營運，甚而導致該主機因不堪大量讀取之負荷而當機，造成部分資料之流失，足生損害於公衆及某乙。

《士林地方法院92年度易字第341號刑事判決》

● 製作本章犯罪使用電腦程式罪

電腦病毒，是電腦、網路發展的一大夢魘。過去，多以破壞式、散布式為主，例如早期的「梅莉莎」、「Code Red」等，現在則以偷竊資料的木馬程式為流行。無論是何種惡意程式，都對電腦系統產生極大的危害，以及重大之財產損失，也會構成「致生損害於公眾或他人」之要件。

市場上有許多程式，也可以達到入侵系統之目的，但大多適用在電腦網路系統問題之診斷、監控，屬於資訊安全管理之正當目的，設計者並不會違反本條罪名。因此，本條文規範的犯罪行為，僅限於製作專供犯本章之罪的電腦程式，其他情況並不成立本罪。

一、法律規定

刑法第362條：「製作專供犯本章之罪之電腦程式，而供自己或他人犯本章之罪，致生損害於公眾或他人者，處5年以下有期徒刑、拘役或科或併科20萬元以下罰金。」

二、msn竊聽程式

例如有不肖人士，專門替別人撰寫監聽他人私密網路行為的抓猴程式，包括聊天內容、瀏覽網頁、電子郵件內容等。許多夫妻、男女朋友為了瞭解另一半有沒有不忠的行為，就會向這些不肖人士購買程式。這種設計程式的行為，因為是讓竊聽者能取得另一半的電磁紀錄，甚至於取得他人密碼而入侵電子郵件等系統，因此設計者構成本條罪名。

CIH病毒

1999年4月26日發作之「CIH病毒」，造成全球六千餘萬台電腦當機癱瘓，全世界的損失實在難以估計。最後，發現設計這支程式者，居然是一位來自台灣，當時就讀大同工學院的學生陳×豪。

在知名的資訊安全廠商F-SECURE網站上，即看到CIH的專屬網頁，來源(ORIGIN)還顯示是台灣(Taiwan)。這一起知名的案例，也成為當初制定本法的立法理由。

● 該電腦程式是否為被告所撰寫？

刑事局電腦鑑識報告記載：「1.來函鑑定事項一：被告乙○○所使用之程式原始碼，無法認定係自行撰寫或係自網路上下載取得。因電磁紀錄有易修改特性，即使程式碼係由網路上下載取得，亦有可能在取得後修改程式碼內容，故無法認定係自行撰寫或係自網路上下載取得」等情甚詳……

《臺灣高等法院臺中分院98年度上訴字第1992號刑事判決》

網路下載攻擊程式，如果有修改，無論改多改少，都應該成立刑法第362條製作本章犯罪使用電腦程式罪。如果只是下載下來但沒有改，就開始進行攻擊，則除了成立第360條之罪名外，不應該成立第362條罪名。

* 筆記 *

● 其它案例：如何認定有散布猥褻物品之犯意與行為？

【臺灣臺北地方法院100年度易字第1301號刑事判決】

　　曾○霆與張○婷（真實姓名、年籍詳卷，以下均以張○婷稱之）原係男女朋友關係，於民國97、98年交往期間，曾耀霆徵得張○婷之同意後，以錄影設備錄下2人性交行為之猥褻影像。嗣2人因故於98年初分手，曾○霆因心有不甘，竟基於散布猥褻影像供人觀覽及散布毀損張○婷名譽之事於眾之犯意，於兩人分手後之某日，在不詳之地點，將前揭猥褻影像之檔案名稱編輯為「基隆崇右應用外語科，無碼，口交，張○婷，口爆，自拍，接客」等文字，並將該猥褻影像放置於個人電腦內預設為eMule軟體程式之分享資料夾內，再以個人電腦連接網際網路，並使用eMule軟體程式分享前揭猥褻影像供不特定人下載觀看而散布，足以毀損張○婷之名譽。嗣張○婷接獲朋友通知，始於99年11月10、11日上網瀏覽發現上開情事，報警處理，循線查獲。

　　證人即告訴人張○婷於本院審理時證稱：我與被告是基隆崇右技術學院的應用外語系同班同學，曾經是男女朋友，交往快兩年，詳細時間我記不起來了。98年初分手，後來我朋友跟我說有我與被告發生性行為之性愛光碟檔案。我就在Emule軟體上以我的名字去搜尋檔案，就找到這個檔案，我就列印畫面下來，後來有把檔案燒錄成光碟，就是我提出告訴時所提出的那片光碟。因為該性愛光碟的影像只有被告有檔案，連我自己從頭到尾都沒有看過，是被告以手機拍攝的，所以是被告上傳的。當時拍攝之後，被告是說他會放在電腦裡面看不到的資料夾，要自己看，後來也沒有打開給我看過等語（見本院卷第39頁背面至第42頁），被告則坦承有將以手機拍攝性交行為，並將該影像檔案名稱編

輯如犯罪事實欄所載文字之事實（見本院卷第14頁背面、第42頁），並有告訴人張○婷提出之猥褻影像光碟及eMule軟體程式頁面（檔案名稱載有如犯罪事實欄所載文字）之列印資料在卷可參（見臺灣板橋地方法院檢察署100年度偵字第1689號偵查卷第8頁），上開影像光碟，確係被告與告訴人兩人性交行為之影像，業經本院勘驗在卷，並製有勘驗筆錄可憑（見本院卷第28頁），堪認經被告更改編輯檔名之性行為影像檔案確遭人透過eMule軟體程式分享散布而供網路上不特定人觀看。

證人李○中於本院審理時證稱：我於95年5月到100年7月26日任職於內政部警政署刑事警察局科技犯罪防制中心，負責電腦鑑識以及網路犯罪偵查工作。所謂eMule軟體，是P2P也就是點對點傳輸的軟體，使用該軟體，若把資料夾打開，會把電腦資料夾的檔案傳輸出去。在軟體安裝後，如果有特定的資料分享，可以用手動點選欲分享之資料夾，其他人就可以透過eMule軟體取得資料夾裡面的檔案，也就是若要將資料分享給他人，使用者要把分享的資料放在所選取要分享的資料夾。安裝軟體後，有INCOMING及TEMP二個資料夾，INCOMING資料夾是存放從網路上下載完成的檔案，TEMP資料夾則是存放下載中的檔案，若要分享電腦內資料，就是要點選已分享資料夾，去選取要分享的資料夾或是磁碟機，若不特別去點選要分享的磁碟或是資料夾，磁碟及資料夾內的訊息理論上不會被分享，軟體預設安裝並沒有預先的分享資料夾，是需要人為去把它點選出來。安裝eMule軟體後，若無開啟、執行軟體，存放於eMule分享資料夾內之檔案，也不會分享出去等語（見本院卷第36至39頁），並有檢察官下載eMule軟體後安裝、使用過程之畫面在卷可參（見本院卷第46至47頁），顯見eMule軟體於安裝後，除預先設立INCOMING及TEMP

資料夾作為下載檔案或下載中暫存檔案之資料夾外，除有特別勾選欲分享之資料夾或磁碟機作為分享資料夾外，並無預先設立分享之資料夾或磁碟機。

　　而依被告於本院審理時供稱：我之前電腦有裝eMule這個軟體，是作為平常下載音樂或是遊戲使用的，我與告訴人交往期間住處的電腦確實有下載eMule這個軟體，使用eMule下載有一段時間，網路上論壇有說法，說整個磁碟去做選取的時候，裡面的資料會比較豐富，供下載的載點就會比較多，交換資料傳輸的速度會比較快，所以當時我是針對資料夾去選取，電腦C槽、D槽都有去選取，時間久了我不記得是否連電腦E槽都有去選取，我是做資料交換等語（見本院卷第39頁），其既坦承有勾選電腦C槽、D槽為eMule軟體之分享資料夾，作為資料交換之事實，顯見被告對於自己電腦內分享資料夾之檔案會透過eMule程式供不特定之人下載閱覽等情，知之甚明。

　　依證人張○婷前揭證述，被告與告訴人為性交行為之影像係以被告手機錄製並僅被告持有，而被告亦坦承有勾選電腦C槽、D槽作為eMule軟體之分享資料夾，參以告訴人證稱分手時被告不同意，故遭被告毆打及恐嚇及被告坦承其認為告訴人於交往期間在外交友關係複雜而持續爭吵，並自承曾經將告訴人之不雅照片傳給班上同學等語，更可認被告因不滿告訴人交友關係而有散布告訴人私密影像之動機及意圖。顯見本件猥褻影像確係由被告透過eMule軟體供不特定人下載觀看而散布。被告辯稱僅有動機，但實際上並沒有上傳供他人下載云云，顯係卸責之詞，不足採信。

註：臺灣高等法院100年度上易字第2217號刑事判決
　　上訴駁回。

＊筆記＊

國家圖書館出版品預行編目（CIP）資料

圖解數位證據／錢世傑作.--第二版.--
臺中市：十力文化，2014.08
面；公分
ISBN　978-986-90364-2-9（平裝）
1.證據　2.鑑識　3.資訊技術　4.刑事訴訟法
586.6　　　　　　　　　　　　103014294

一看就懂系列　　S402

數位證據／（第二版)／資訊時代的法律攻防

作　　　者	錢世傑
責任編輯	林子雁
封面設計	王智立
插　　　畫	劉鑫鋒
行銷企劃	黃信榮
出 版 者	十力文化出版有限公司
發 行 人	劉叔宙
公司地址	台中市南屯區文心路一段186號4樓之2
聯絡地址	台北郵政 93-357信箱
劃撥帳號	50073947
電　　　話	(02)8933-1916
網　　　址	www.omnibooks.com.tw
電子郵件	omnibooks.co@gmail.com
電腦排版	陳鶯萍
電　　　話	(02)2357-0301

ISBN　978-986-90364-2-9

出版日期	2014 年 8 月 1 日 第二版第一刷
版　　　次	2000 年 11 月 1 日 第一版第一刷
定　　　價	450元

地址：

姓名：

十力文化出版有限公司　企劃部收

地址：台北郵政 93-357 號信箱

傳真： （02）8933-1916

E-mail ： Omnibooks.co@gmail.com

　　無論你是誰，都感謝你購買本公司的書籍，如果你能再提供一點點資料和建議，我們不但可以做得更好，而且也不會忘記你的寶貴想法喲！

姓名／　　　　　　　　　　性別／□女 □男　　生日／　　　年　　　月　　　日
聯絡地址／　　　　　　　　　　　　　　　　連絡電話／
電子郵件／

職業／□學生　　　□教師　　　□內勤職員　　□家庭主婦　　□家庭主夫
　　　□在家上班族　□企業主管　□負責人　　　□服務業　　　□製造業
　　　□醫療護理　　□軍警　　　□資訊業　　　□業務銷售　　□以上皆是
　　　□以上皆非　　□請你猜猜看
　　　□其他：

你為何知道這本書以及它是如何到你手上的？
　　　請先填書名：
　　　□逛書店看到　　□廣播有介紹　　□聽到別人說　　□書店海報推薦
　　　□出版社推銷　　□網路書店有打折　□專程去買的　　□朋友送的　　□撿到的

你為什麼買這本書？
　　　□超便宜　　　□贈品很不錯　　□我是有為青年　□我熱愛知識　□內容好感人
　　　□作者我認識　□我家就是圖書館　□以上皆是　　　□以上皆非
　　　其他好理由：

哪類書籍你買的機率最高？
　　　□哲學　　　□心理學　　□語言學　　□分類學　　□行為學
　　　□宗教　　　□法律　　　□人際關係　□自我成長　□靈修
　　　□型態學　　□大眾文學　□小眾文學　□財務管理　□求職
　　　□計量分析　□資訊　　　□流行雜誌　□運動　　　□原住民
　　　□散文　　　□政府公報　□名人傳記　□奇聞逸事　□把哥把妹
　　　□醫療保健　□標本製作　□小動物飼養　□和賺錢有關　□和花錢有關
　　　□自然生態　□地理天文　□有圖有文　□真人真事
　　　請你自己寫：

十力文化